U0928478

如果你是父母，你的卓越表现将会是你对这个星球的最大贡献。

——为孩子塑造能够成就自我的品格——

父母最艰巨的工作

帮助家庭迎接前所未遇的挑战

【美】劳拉·高尔德（Laura Gauld）
马尔科姆·高尔德（Malcolm Gauld）著
杨芳 译

The Biggest Job We'll Ever Have

CNS 湖南教育出版社

赞 誉

在我50年有关美德领导力的研究中，有一个因素脱颖而出：品格。判断一个人是否具有领导力、是否成熟唯一的因素就是品格。海德学校知道品格是如何学习和培养的。高尔德夫妇用丰富和感人的语言把海德如何实现奇迹展现在了我们眼前。

——沃伦·本尼斯（Warren Bennis），南加州大学商学院特聘教授，

《经营梦想》（*Managing the Dream*）的作者

这是我读过的最深刻、最重要的书之一。如果每一位家长都能应用这些原则，那么不光他们的孩子和家庭会更加健康，我们的社会也会更加健康。对于任何有兴趣战胜平庸的人，这都是一本必读书。

——帕特里克·兰西奥尼（Patrick Lencioni），TABLE集团主席，

《首席执行官的五个诱惑》（*The Five Temptations of a CEO*）的作者

高尔德夫妇在海德学校开展了以品格为基础的教育项目，又完成了这本让人容易学习的指南。当父母努力提高自己的品格时，孩子们就会受到激励而起来效仿。任何渴望完成"最艰巨工作"的父母都应该把本书列为必读书目。

——沙琳·詹内蒂（Charlene C. Giannetti），

《过山车的那些年》（*The Roller-Coaster Years*）

《亲子教育急救电话》（*Parenting 911*）《小圈子》（*Cliques*）的共同作者

教育专家劳拉和马尔科姆·高尔德挑战父母思考自己所看重的价值观，同时又为父母提供明确的指导原则来培养孩子们的这些价值观。作者还为父母和老师提供了一个讨论的平台，来齐心协力实现生活中的重要目标。像这样直击家长和老师心灵的书并不多见。

——珀尔·洛克·凯恩（Pearl Rock Kane），哥伦比亚大学教师学院
克林根斯坦中心主任，《教学第一年》（*The First Year of Teaching*）
《独立学校》（*Independent Schools*）
《独立思想者》（*Independent Thinkers*）的编辑

劳拉和马尔科姆·高尔德完成了一本精彩的书。它浓缩了海德学校的原则和概念，就是在过去 35 年里让家庭教育和学校教育之间的联系发生彻底改变的一门课程。真实的确会让你得到自由。如果你有孩子，读一读这本书吧。

——约翰·希亚特（John Hiatt），唱作人

对家长和教育者来说，本书都是智慧的宝库，也是实践的手册。本书源于美国最伟大学校创立者的思想、真心，还有勇气。它是一本培养和教育孩子品格的可读性很高的佳作。

——凯文·瑞恩博士（Kevin Ryan，Ph. D.），
波士顿大学道德品质发展中心名誉教授兼主任，
《在学校建造品格》（*Building Character in Schools*）的作者

这本指南性的书提出了品格教育的十个常识性原则，并以成千上万家长和孩子们的逸闻趣事和他们的家庭故事加以生动地说明。

——《出版人周刊》（*Publishers Weekly*）

献 给

马哈丽亚（Mahalia）、斯考特（Scout）、哈里森（Harrison）和他们的爷爷奶奶

序　言

每一位父母都需要支持者

马克·布朗|《亚瑟小子》系列畅销书作者

亲爱的家长们：

做父母很像是在高空荡秋千的杂技演员。你需要极大的勇气和对别人的信任，不过最重要的是，你得知道何时放手。

“放手”是一个一直让我纠结的概念，我知道并不是我一个人如此。不过在我的家庭幸运地找到海德学校之前，我连“放手”的真正意思一点也不知道，自然就不知道这个问题一直困扰着我对孩子的养育。

想起在海德的那些年，我现在觉得那真是最为困难的日子，也是最为奇妙的日子。是我的儿子托隆把我们带进了这所学校，那时我们以为自己找到了一所能“修正”他的问题的学校。我永远不会忘记他的第一次面试（实际上是我们全家人的面试），我们都失败了。我们也不会忘记后来他弟弟塔克的面试，当时面试的老师客气地说：“我不是针对个人，不过你们的态度是我见过的最糟糕的。”

我想我们并没有做错什么。可当时出了什么问题呢？很快我就知道了，而那正是改变的开始。我肯定“艰难玉成”这句古老的格言正在海德发生着。

知道我是问题的一部分让人恐惧，而弄明白为什么，努力改变行为方式则非常痛苦。

我们没有人真的为养育孩子这个最重要的工作做好准备。我们只是凭经验行事，好坏经验都有。我们的父母就是我们的老师，如果父母不是完美的老师，就像我一样，那么我们就需要一些帮助。帮助一个个家庭，海德做得比任何人都要好。

劳拉和马尔科姆成功地帮助了成千上万的家庭。他们把海德学校坚持不懈的探索过程浓缩在这本容易明白又极有帮助的书中。请怀着谦卑和开放的心来阅读这本书吧，它是一份天赐的礼物。

目 录
Contents

致读者（中文版）

从《父母最艰巨的工作》这本书首次出版到现在，已经过去了超过15年的时间。第一版“致读者”开篇那段话是这么写的：

> 20多年前，我们开始了自己作为老师的职业生涯。多年来，我们和成百上千的孩子还有他们的家人打过交道。我们的经历，以及从既是父母又当老师的双重角色中学到的经验，形成了本书的核心内容。

这段话写于2002年，现在看来，这段话仍然能够大致概括我们的状况，当然也有些许的变化。首先，我们的三个孩子——马哈丽亚、斯考特和哈里森——当时还都是小学生，在第一版中，我们对他们仨有许多的介绍，现在他们已经长成大人了，并且开始了各自独立的生活。另外，我们从事教师职业的时间也翻了倍，从20年变成了40年。这本书首次出版时，我们指导的孩子和家庭有几百个，现在则增加到了几千个。然而我们发现，这本书中所展现的理念完全能够经受住时间的考验，时至今日，在学校和家庭仍然和当时一样适用。

《父母最艰巨的工作》这本书的内容来源于我们自己为人父母的经验，以及在海德学校担任老师的经验，海德学校是由多所学校和教育项目所构建的学校网络，总部设在美国缅因州的巴斯市，我们在那里担任老师、指导员，从事行政管理工作。海德学校的现任主席是劳拉·高尔德，之前是马尔科姆·高尔德，现在他负责海德学院的工作，海德学院致力于将海德学校的教育机会带给更多的学生、父母和老师。

为什么会有中文版？

2002年，这本书出版之后没多久，劳拉和马尔科姆就开始在全美开展了一系列的工作坊，从缅因州到加利福尼亚州。他们除了在波士顿、芝加哥、迈阿密、纽约以及旧金山这样的大城市做展示，还去了康涅狄格州、伊利诺伊州以及佛蒙特州的小镇。海德学校的推广工作遍布全国各地，最终我们在加拿大和欧洲也收获了听众。

2007年，来自中国的第一批学生抵达海德学校。从那之后，有几百名中国学生在海德注册就读。

在本书中你会了解到，家庭是非常重要的，它是青年人生活的最大影响因素，更别提对社会的影响力有多大，对此，海德学校深信不疑。在海德学校，有很多广为流行的说法，它们恰恰说明了这一点：

> 家长是最重要的老师，家庭是最主要的课堂。
>
> 苹果不会落在离树很远的地方。
>
> 杰出的家庭教育：是艰难的，是可行的，永远都不会太晚。

随着就读的亚裔学生越来越多，劳拉和马尔科姆开始探索怎样把这些孩子的父母也吸纳进来，让他们参与到海德学校的特色项目——基于家庭的品格教育中。要想实现这个目标，自然会遇到困难，具体来说，两大障碍就是：语言和地理。为了解决语言问题，学校开始聘用能熟练使用英语和汉语两种语言的老师。他们帮助中国学生适应新的学习生活和新的国度，同时，在学校和每个家庭之间起到关键的桥梁作用。

而地理上的问题则是更大的挑战。海德学校录取的中国学生，之前没有几个到过美国，而且海德的老师到过中国的也寥寥无几。（实际上，在第一批中国学生来到海德学校之前，劳拉和马尔科姆都没有到过中国。）因此，一些海德的老师开始造访中国，在中国期间，陪同他们的有家长、教育工作者和有意去海德学校就读的学生。

久而久之，他们的中国之行从以分享信息为目的演变成了推广会，主要介绍教育项目和《父母最艰巨的工作》这本书的核心内容——十个优先重点：

优先重点 1　真实比和谐更重要

优先重点 2　原则比规则更重要

优先重点 3　态度比天分更重要

优先重点 4　设定更高期望，放手结果

优先重点 5　成功失败都有价值

优先重点 6　让障碍成为机遇

优先重点 7　学会抓住和放手

优先重点 8　创造品格文化

优先重点 9　谦卑地寻求和接受帮助

优先重点 10　激励孩子是我们首要的工作

不久之后，劳拉·高尔德同几位海德学校经验丰富的老师一起，在中国的一些城市，比如北京、广州、上海和深圳，开展过一整天的工作坊。同时，在海德学校的校园里，他们观察到了预料之中的成果：那些父母参加了工作坊的孩子，无论是态度、努力程度还是整体的表现，都有所进步。这个结果让海德学校更加坚信，家庭对于每个孩子的教育发展真的至关重要。

把《父母最艰巨的工作》这本书翻译成中文，毫无疑问会帮助到那些选择把孩子送到海德学校就读的家长们，我们决定将这本书介绍给中国，是出于更高的承诺。我们也希望这本书能为所有的中国父母提供有用的资源。如果家庭变得更加坚固，那么中国、美国以及全世界都会因此而受益！伴随着中文版的发行，我们也会在中国的一些城市和社区开展讲座和工作坊，家长们都可以参与。

海德学校的简单介绍

考虑到这本书后面有一章会讲述海德学校的历史和哲学，所以在开头只是简单地介绍一下海德学校，以便帮助读者更好地理解《父母最艰巨的工作》这本书中所蕴含的理念是如何产生的。

约瑟夫·高尔德（马尔科姆的父亲）于 1966 年创办了海德学校。在之前 15 年的教育生涯中，他一直是位受人尊敬的微积分老师，还是三种运动项目的冠军赛教练。然而，伴随着越来越多的成功，约瑟夫却越来越确信，教育缺失了些什么。一方面，他知道没完没了地专注于学业的确可以帮助他的学生进入美国一流的大学；另外一方面，他开始相信，对于某些素质的培养，比如诚实、同情心以及生命的目的感，教育关注得远远不够。

海德学校是约瑟夫先生对自己责任最好的诠释，他那时候说过：“要为所有的美国孩子找一条更好的路。”他开始的声明镌刻在海德学校，现在造访海德学校的人仍然能够看见：“每个个体都有独特的潜能决定着他的命运。”（“Every individual is gifted with a unique potential that defines a destiny.”）

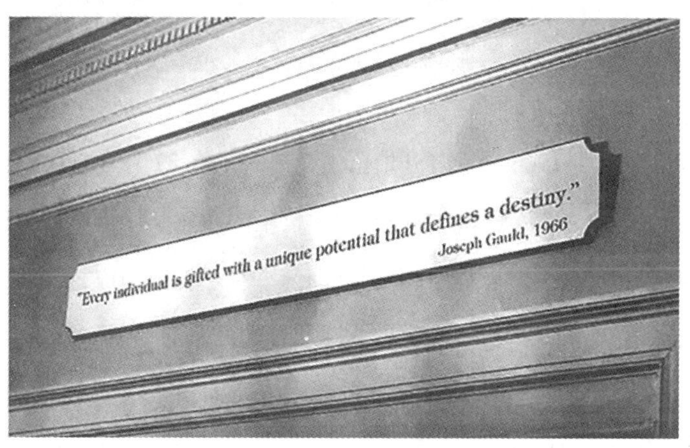

约瑟夫先生在设置课程之前，找了五个词来说明自己的理念，他希望所有的学生和教职员工都能够尊重和重视这些理念，并把其当作生活的准则：

勇气（Courage）——正直（Integrity）——领导力（Leadership）——好奇（Curiosity）——关怀（Concern）。

直到今天，海德学校的保护盾牌上还能找到这五个词。

海德学校于 1966 年 9 月开始招生，那一年有 57 名来自美国各地的学生注册入学。因为海德学校跟其他学校不同，尤其注重学生的品格发展，因此，海德学校渐渐地在全国范围内享有了一定的声誉，就读的学生人数三年内翻了一番。

20 世纪 70 年代早期，约瑟夫·高尔德整理和总结了海德学校前十年的发展情况。结果是非常令人振奋的，情况表明，海德学校对学生的生活做出了很多积极的贡献。不过，还有一个结论出乎大家的意料：父母的参与度与孩子的进步幅度似乎存在一定的相关性。那些努力克服自己的品格问题，并改善自己品格的父母，他们孩子的品格也会随之改变。因此，海德学校开始寻找和考察一些方法，以发展这种相关性。最终，这项研究促成了“最艰巨的工作”这个项目，产生了相对应的“十个优先重点”。

在《高效能人士的七个习惯》这本畅销书中，史蒂芬·柯维这么写道：“以终为始。”走遍美国、加拿大、欧洲以及中国，让我们知道，世界上的父母心中有着一个共同的“终”。我们都希望孩子长大后能够获得成功。我们希望他们能够感到人生很充实。我们还希望所有的家庭成员能够彼此爱对方，直到永远。这本书是帮助父母们实现这三个终极目标的有力工具：成功、充实和爱

孩子们说的话

尽管有很多学校都认可父母的重要性，但是海德或许是世界上唯一一所给家长举办毕业典礼的学校！每年，在学生毕业那一周的周末，家长会在自己的毕业典礼上领取毕业证。每位家长站好之后，孩子会大声朗读一段简短致辞，这是孩子们自己写的，以此来表达对父母的感激之情，感谢父母在他们生命中所扮演的角色。下面你将读到的是最近一次毕业典礼上，我们节选的学生致辞。

一位来自浙江杭州的男孩这么写道：

给父母——谢谢你们 18 年的陪伴。也要谢谢你们看着我从一个懵懂的孩子长成大人。记得小时候，我对你们很生气，因为你们好像没时间照顾我。那时候，我很嫉妒别人家的孩子，因为他们可以牵着父母的手回家。但是，现在我终于能理解你们心中的痛楚。之所以这么做，是因为你们想让家变得更好。这是个困难的决定。为了让生活环境变得更好，你们工作非常辛苦，现在，我能接受这一切了。最后我想说，即使没有经常联系你们，我心里仍然留恋跟你们一起度过的时光。

一位来自美国宾夕法尼亚的男孩这么写道：

亲爱的妈妈——我想感谢你为我所做的一切。要把我们之间的点点滴滴都记下来，估计得写十本小说了，但是我想让你知道，我有多么感激你。你陪伴了我那么久，给了我那么多爱和关怀，这一切我都很感激。你和爸爸给我创造了好的条件，帮助我取得成功，而且，对我永不言弃，不断地鞭策我，让我做到最好，相信我是最优秀的。我是如此爱你，妈妈，想到要和你一起翻开人生中新的篇章，我简直有些等不及。

亲爱的爸爸——谢谢你为我所做的一切。我们的关系有过高低起伏，但我相信我们现在在一个特别健康和相爱的地方。你为咱们家为我做了那么多。你支持我，确信我的未来是幸福的。你努力工作，为要使我们生活舒适。你和妈妈为家庭所做的无限的奉献总能让我感到惊讶。我迫不及待地想知道未来会发生什么，我感激你们为我做的一切。

一位来自山东济南的女孩写道：

亲爱的爸爸妈妈——请答应我，听我说这些话时，不要流泪。让我们先做个简单的数学题吧：爸爸、妈妈，加上我，等于家庭。努力、关心，加上创造力，等于快乐。我们可以把这两道“算式”放到一起，那么就有了努力的爸爸，会关心人的妈妈，还有富有创造力的我，把这三项加起来，就得到了一个非常快乐的家庭。你们在我的人生中扮演着至关重要的角色：你们是我的父母，是我最开始的老师，我最好的朋友和永远支持我的人。你们为我提供了那么好的教育机会，让我出国求学，并且教我成为更好的人。你们永远在那儿：当我灰心丧气的时候，你们鼓励我；当我自信心膨胀的时候，你们提点我；当我感到困惑的时候，你们给我引路。我想告诉我生命中最重要的两个人三件事：首先，感谢你们把我带到这个世界。然后，谢谢你们一直陪伴我，支持我。最后，我想说我永远爱你们！

一位来自美国佛蒙特州的女孩是这么写的：

亲爱的爸爸——谢谢你一直做我的“避风港”。我们能够很好地沟通和互相理解，我很开心。我非常欣赏你的举止风度，你走到哪儿，那儿就充满了活力。你让我知道了无条件的爱和支持的真正含义，我希望等我有了孩子，也能把这种传统传承下去。你坚强而又勇敢。你带着开放的学习心态来到海德，愿意改变自己，也愿意改善我们之间的关系。去年春天，你因为试唱时候太紧张而最后拒绝上台。今年，你在“家庭周末”活动的舞台上，当着那么多人的面唱歌，虽然仍旧会感到紧张，但是你还是唱了。我为你感到高兴，你克服了自己的恐惧心理，走出了舒适区。爸爸，我为你感到自豪和骄傲。

一位来自陕西西安的女孩给父母分别写道：

亲爱的妈妈——每当我想到你，我心里就充满了爱、感激和感恩之情。这么多年来，你给我的爱和关怀让我觉得温暖又幸福。随着我慢慢长大，懂得东西越来越多，我渐渐意识到，你对我的关心越多，我的歉意也就越多。现在我想通过这封信跟你道歉。妈妈，请原谅我年幼不懂事。请你放心，现在我知道了，学习是我自己的事情，我会自己把它做好。我会自觉学习，争取获得优异的成绩，这样你就不用再担心我了。以后我会继续跟你在一起，但是我希望你能理解我没法天天都陪你。我不会像以前那样顶撞你，我会听你话的。

亲爱的爸爸——下面这些话是我一直想对你说的。我想告诉你我的真实想法。谢谢你这么多年来一直支持我。无论我做了什么决定，你都会相信我。我知道我过去很不懂事，让你和妈妈天天为我操心。我希望我长大以后，什么事情都能自己处理。将来我会更努力，所以请更加信任我吧。我也想陪伴你和妈妈，但是我现在长大了不少，可能陪伴你们的时间也会减少。这就是我想跟你说的话。

一位来自南非约翰内斯堡的男孩这么写道：

亲爱的妈妈——对你的感激之情，千言万语也无法表达，我感激你，也感激你把我塑造成今天的模样。我知道，作为妈妈，你和我还有我的兄弟姐妹们远隔千里，是件很痛苦的事情。谢谢你，从来没有放弃我们的家庭。你是我见过的最坚强的人，同时又洋溢着爱，动力十足。我一定是受到了上帝的眷顾，才会幸运地拥有一切。妈妈，我爱你，我对你的爱，永无止境。

亲爱的爸爸——不知道我之前有没有把自己的感激之情向你表达清楚，我真的非常感谢你。因为你，成长的过程中我从来不担心会没有父亲的陪伴，也从来不觉得孤单。你不仅送我们念书，还让我们体验到美好的生活，并且把我们看得比什么都重要。现在我的个头可能已经超过了你，但是我永远不会忘记——你，作为一名父亲，对我的人生贡献了那么多。你是我最好的榜样，我全心全意地爱着你。

一位来自上海的男生写道：

亲爱的妈妈——谢谢你在美国的这三年对我的支持和信任。我也会经常自己鼓励自己。我学习非常认真，被美国一所很好的大学录取了。我没有让你失望，我为自己感到自豪。我保证，我会更加努力地学习，争取让你为我感到骄傲。

亲爱的爸爸——我和你，一切尽在不言中。你对我的好，我都看在眼里。我能看出来，你有很多话想跟我说，那是你对我的关心。作为你的儿子，我觉得很荣幸，因为你就是我的榜样和楷模。未来的几年，我会努力学习，尽力达到更高的水平。

一位来自韩国首尔的女生这么写道：

亲爱的爸爸和妈妈——毕业典礼上，我的心情五味杂陈。我高中的求学经历不仅漫长，而且充满了冒险。这段旅程，我跌倒过，哭泣过，然后爬起来，笑着往前。在这段时间里，爸爸和妈妈，你们一直在我左右。每次我跌倒哭泣时，你们帮助我站起来，帮助我笑着面对人生。高中这几年是如此的漫长，以至于想到上大学都会觉得紧张。我知道，我不是那种乖巧伶俐的完美孩子，谢谢你们给了我无条件的爱。未来几年，我还要继续读书，但是我不害怕，因为我知道你们会陪我走过这段路。谢谢你们帮助我渡过难关，我爱你们。

一位来自美国纽约的男孩写道：

亲爱的妈妈——在我还是个孩子的时候，你就要求我凡事都要尽力——100% 的全力。你让我明白，天底下没有免费的晚餐。我知道我必须努力，才能得到自己想要的。你是那么的慈爱体贴，乐于助人，你是教堂里小女孩们的榜样，从不会放弃我和哥哥弟弟们。我对此非常感激。爱你，妈妈。

亲爱的爸爸——你一直陪伴着我，在我需要的时候帮助我，给我指引方向。你让我知道，事情并不一定会按照人们所期待的样子发生。生活中遇到的困难和波折，你都能积极地面对它们，并且尽力而为。你会振作，从不放弃。我很幸运，能有你这样的父亲，也很幸运，你能完全地支持我。生命中有你，我特别感激。谢谢你，小个子！我爱你，爸爸。

一位来自湖南长沙的男生写道：

爸爸、妈妈——你们一直在支持我。当我到达最高点时，你们把我继续往上推，当我遇到低谷时，你们把我托起来。我很感激你们给予我的一切。要是没有你们的支持，我无法实现自己的目标。我知道，对于父母来说，放手让我这个年纪的孩子自己闯世界，开始自己的征程，是一件多么困难的事情。四年前你们冒险做了这个决定，才会有今天的我。我们远隔万里，距离限制了我们的交流，但是我们的心从未分开。你总是要我记住：这段征程中，无论发生了什么，家都是永远的港湾。爸爸和妈妈，我的感激之情难以言表，我只能说一句：谢谢你们，我爱你们。

一位来自美国加利福尼亚州，由单亲妈妈抚养长大的男生写道：

亲爱的妈妈——你是我人生中最坚强的人。你本应该得到别人的爱和支持，但是你没有，即使这样，你仍然能够克服人生中的许多困难。这本身就教会了我，不要抱怨生活，要积极地面对现实。在海德学校的这四年，我碰到过不少困难，谢谢你一直相信我。每天我都越发意识到，你为我和哥哥做的太多太多。你作为榜样，让我学到了很多，我每天都会敦促自己，要变得更好。接下来的几年，我想让你看到，你教会我的一切是怎样地影响着我。你所做的一切，让我感激不尽。我爱你。

一位来自美国新泽西州，由单亲爸爸抚养长大的女孩写道：

亲爱的爸爸（或者父亲，平常我这么叫你）——我只有你这么一个家长，在海德学校这四年来，我们共同努力，度过了父女一起参加的家庭周末，还有父女分开的学校时光。现在我们父女俩可以开诚布公地交流，你不知道，当遇到困难的时候，你打来的电话对我的帮助有多大。每天，你都鼓励我打起精神去面对这个艰难的过程。谢谢你，投入了那么多的精力，让我们的关系变得更融洽。谢谢你做我的铁哥们，做我的好朋友，陪我一起看比赛，遇到滑稽的事时，和我一起放声大笑。谢谢你做我最有力的支持者，谢谢你接受我，包容我犯的错误，谢谢你爱我，不放弃我……看起来好像你一直都是对的。我也要做到这样！谢谢你，我爱你。

一位来自非洲卢旺达的男生写道：

写给我的家人——谢谢你们今天抽出时间来参加这个典礼，这一天我期待了很久，我从小学甚至是幼儿园的时候就在盼望今天的到来。谢谢你，索尼娅（姐姐）支持我，几乎每天都给我打电话。谢谢我的父母，感谢你们所做的一切，尤其是这么多年来，一直支持我。过去的五年，我们都很坚强。非常感谢我的叔叔，我爱你就像爱自己的父亲一样。我希望我能继续努力，让你感到满意和开心，因为我的目标就是永远都不能让你失望。上帝保佑你们，永远幸福。我爱你们。

一位来自天津北辰区的男生这么写道：

妈妈——首先我想跟你说声“谢谢”。这么多年了，我一直很让你操心。你总是把最好的东西留给我。我想我在你心中应该是排在第一位的。你让我明白父母对子女的爱是无限的。生活中有很多事情，你跟我的看法或许不太一样。这是因为你不想让我因为犯错而受到伤害，希望我能成功。你让我知道了什么是关心和挂念……

我发现你也成长了很多。比如说，你现在学会了放手，给我自己独立的空间，也开始理解我了。现在你能把我当个大人看了。谢谢你做出了那么多的改变。我希望你不要再为我担心，每天都快快乐乐的。

爸爸——你是我生命中最重要的人之一。我真的从你那儿学到了很多，这些东西是在课堂上学不到的……不管发生了什么，你永远是我的支柱，激励我去面对挑战。因为你，我才会不轻易言弃。在我没来美国之前，你是唯一一个支持我出国读书的人。大家不相信我能在美国学得好。现在，看看我。你用行动给大家示范了勇气和领导力的真实意义。我发自内心地感谢你为我做的一切，我想说，能做你的儿子，是我的荣幸。

一方面，我们无法保证书中所列出的“十个优先重点”也能激励你的孩子在高中毕业的那一天，写出类似的话语。另一方面，我们的经验表明，只要家长付出了努力，就一定能帮助孩子在长大后获得成功，帮助他们感到充实，并且有助于建立一个充满爱的大家庭，而这种传统将会在子孙后代那里得到传承。而对于所有参与到“最艰巨的工作”项目中的家长而言，成功、充实和爱是他们这段旅程所追求的、令人振奋的终极目标。

劳拉和马尔科姆·高尔德

缅因州巴斯市

2018 年 10 月

致读者（英文版）

杰出的家庭教育

是艰难的；

是可行的；

永远都不会太晚。

我们是三个学龄孩子的父母。20 多年前，我们开始了自己作为老师的职业生涯。多年来，我们和成百上千的孩子还有他们的家人打过交道。我们的经历，以及从既是父母又当老师的双重角色中学到的经验，形成了本书的核心内容。

我们在本书中提出的主要观点其实非常简单。我们认为，父母是最重要的老师，家庭是最主要的课堂。养育孩子的工作要求我们接受这样一个挑战，并努力付诸实施，那就是让我们的孩子成为最好，让我们的家庭成为最好，让我们自己成为最好。没有什么工作比养育儿女更为重要了，大多数和我们谈过话的人都声称同意这一点，不过我们看到，很多家长的人生计划和重点并没有依照这一观念进行安排。本书及书中提出的十个优先重点都来自一个已经为成百上千家长提供了富有意义的经历和宝贵经验的项目，我们希望这些能够帮助父母集中精力，坚持不懈。

这些经历和经验很多都发生在海德学校。海德学校由一组学校组成，是一家学校集团，其中有很多项目，均致力于品格培养和家庭成长。我们夫妻二人都是 20 世纪 70 年代从海德学校最早的缅因州巴斯市校区毕业的。在那里度过的学生时代影响了我们的一生。老师挑战我们检验自己的品格，我们得到的回报是一种目标感，正是这种目标感引领我们成为独立的个体，成为教育者，成为父母。如今我们已成为海德学校的领导者：马尔科姆是校长，劳拉是全国家长项目“最艰巨的工作”系列工作坊的总负责人。作为领导者，我们尽力想把同样的挑战和回报给予来自不同背景的学生、家长以及老师。从新英格兰乡村的寄宿学校到华盛顿州的市立公立高中，我们很欣慰地看到，真正的品格培养已经为形形色色的美国家庭和孩子展开。

写作本书时，我们首先考虑的是父母，不过事实上本书适合所有致力于孩子个人成长和品格培养的人。为了弄清楚哪些家庭会觉得本书特别有意义，我们想到了 1970 年海德学校的学生所写的仅有一页纸的短文。这份名为“致未来学生的声明”曾送给过无数考虑上海德学校的学生和家长，其目的是帮助他们回答一个简单的问题：海德适合我吗？声明的开头是：

> 如果你想诚实地看待自己，愿意努力让自己变得出色，那么海德也许适合你。

接下来声明说：

> 如果你很快乐，对自己很满意，那么海德也许不适合你。你必须想要改变和成长。

结尾处是声明的中心意思：

> 作为海德的学生，你应该把以下前提视为自己的基本责任：致力追求卓越并坚持不懈。
>
> 这个承诺并不容易做出，而且一旦做出，还必须努力坚持。我们感到自己已经做出了这样一个承诺。这就是为什么我们在海德学校，也是为什么我们经历了成长。

本书正是怀着与这份声明同样的精神写成的，并且被设计成对于那些致力于追求个人和家庭卓越的人尤其有用。如声明所言，快乐并对自己感到满意的父母，不会像那些有着深切愿望和动机渴望改变的家长一样，觉得本书特别有用。本书承认各个家庭的目标都不一样，因此呼吁家长做出追求卓越的承诺并坚持不懈。本书也客观地提醒，这个承诺不容易做出，坚持起来更为困难。作为家长和老师，我们已经做出了这个承诺，并日复一日将这个承诺付诸实践。这个承诺和随之而来的我们在各种起起伏伏中经历的成长燃起了写作本书的激情。

我们个人和职业的经历让我们明白了关于这个承诺的三件事：

1. 它是艰难的。
2. 它是可行的。
3. 它不会太迟。

如果还要加上第四点的话，那就是：它永远不会太早。

本书及书中的十个优先重点概括并支持我们的信念，即不论年龄，一个人的品格比天赋更为重要；我们是谁比我们能做什么更加重要。若问大多数人，他们都会认同，正确的态度、坚持原则是实现人生成就、建立强大人际关系、实现人生目标感的关键。不幸的是，在当今以结果为导向的文化中，尽管他们不愿承认，但品格已经被忽视了。否则，我们该怎样解释全国各地学校剧增的考试作弊呢？我们又该怎样解释学生常常在大人的建议下，因为可能的低分会影响他们被名校录取的机会，而不选特别有挑战的高级高中课程呢？这种选择是可以理解的，不过这样做肯定不是为了培养学生的品格。

各个学校盛行的“以结果为导向”的文化正在以多种方式戕害学生。那些学习努力却没有天分成为班级明星的学生正慢慢感到，自己在打一场败仗，然后开始质疑：“为什么要这么努力呢？”同时，优秀生获得了一种错误的成就感，他们没有接受挑战发掘自己的最大潜能。在很大范围内，孩子们感受到的都是虚伪，从而变得越来越疏远和冷漠。创造力、好奇心和激情不断消退，躁动不安的精力越来越找不到有效的发泄途径。

类似的麻烦也发生在家里，大多数父母认为他们看重的原则——如诚实、责任感、可靠——并没有主导家庭生活。事实上，往往很难决定哪些想法是家庭的核心，因为我们很多人都特别注意不要犯自己父母犯过的错误，却不知不觉忽略了建立自己积极的教养计划。某种意义上，我们是在无舵驾驶，每当想要“好好相处”、安抚不安的家庭成员或是快速解决别人越过我们的原则而制造的问题时，家长和孩子就更加偏离了航向。愤世嫉俗和发怒的敌意悄悄潜入家中，使每一个新的挑战更难面对。

在设想给父母的指导时，我们想到了地图和指南针的比喻。在树林里徒步旅行时，地图和指南针是最基本的装备，它们一起发挥作用。没有指南针，地图的作用就很有限，因为要凭感觉猜测方向。没有地图，指南针不能告诉我们的目的地在哪里，也不能让人确认一路上的重要地标。我们两者都需要，而且同时需要。因此，本书旨在提供一个理念架构，即“指南针”，同时还有十个孩子培养的优先重点，即“地图”。

本书的写作和“最艰巨的工作”工作坊项目同时进行，该项目是我们创立并献给全国成千上万的家长的。工作坊叫作“最艰巨的工作”有两个原因。第一，我们想清楚表达这样的想法：养育子女是一项相当艰巨的事业。事实上，有时我们告诉家长：“就算你做得对，你也会觉得辛酸苦涩。”因此，我们客观地提醒读者，本书不呼吁家长寻求“快速的解决办法”。养育子女是艰难的工作。不过，我们也看到，任何人只要真正投入，都能做得相当好。

取名“最艰巨的工作”的第二个原因是，这是我们多年来与学生及其家长访谈和讨论的经常性主题。这期间，我们不断注意到一个现象，开始我们认为是非常讽刺的，后来渐渐发现是普遍现象。坐在我们面前的一方面是自信、能力非凡、成功的专业人士，但另一方面又是不安甚至是恐惧的家长。我们常对他们说：“办公室行得通的在家也许行不通。不管你职业生涯多成功，请记住做父母是大联盟比赛，需要面对一场场考验。这是你们前所未遇的最艰巨的工作。”

劳拉和马尔科姆·高尔德

缅因州巴斯市

2001 年 4 月

第一部分

品格：一些基本概念

Character: Some Fundamentals

“品格是激发出来的，而不是灌输进去的”

20 世纪 70 年代成为老师的时候，我们渴望在课堂上教孩子们数学和历史这样的科目。不过，我们的动机不只是培养孩子们的专业技能，或是传授学术知识。我们还有更深一层的考虑，我们期望通过自己的努力培养完整的人，我们想要培育孩子的品格。因此，我们将大量的时间专门用于和孩子们交流，想要了解他们的课余生活。一年三个学期我们都在训练他们的运动项目——足球、篮球，还有曲棍球。我们积极参与诸如表演艺术、社区服务之类的课外活动，而其中一些活动对我们来说就像对他们一样陌生。我们只是想尽可能地参与进来与孩子互动。

刚出大学校门的时候，我们满怀自信，坚信自己拥有足够的魅力、献身精神和能力，足以使任何一个少男少女的人生从此不同。但很快我们就发现，要想对孩子们有持久的影响，常常还需要影响家长们的生活。这比听起来的要困难很多，因为像所有老师一样，我们学习的都是怎样与孩子相处。当我们开始尝试将家长引入学习方程式的时候，发现有四类不同的家长：

1. 对于教育的价值观及优先顺序，家长和学校完全“同步”。我们可以真正地与这些家庭“共鸣”。

2. 家长与学校的看法基本一致，不过有时双方需要进行某种真诚的讨论以达成一致意见。有时这样的讨论会带来令人振奋的相互理解和个人成长。

3. 家长与学校的意见明显不合。尽管对于问题的意见不同，但至少双方还在关注同样的问题。比如，一个学生迟到了，还在迟到的理由上撒谎。我们老师关注的可能是学生为什么说谎，而家长可能会在意学校对于迟到的政策和处罚。在很多令人烦恼的情形中，家长甚至认为说谎也没什么大不了的。这样的家长，我们认为应该归入第四类。

4. 家长和学校根本无法沟通。在这些案例中，存在明显的家庭功能失调——父母否认自己有滥用药物的问题，他们受到不愉快离婚的打击，或是可能有心理方面的问题。

在很多这样的情况下，特别是对于第四类家长而言，事情看起来是，我们最好的教育在他们糟糕的家庭教育面前往往丧失殆尽。我们知道，无论怎样，再好的学校培养也不能补偿糟糕的家庭教育。我们可以确定作为老师怎样教育孩子是正确的，可是对于父母应该做些什么就不那么自信了。再后来，情况发生了变化：我们自己做了父母（1990 年我们的第一个孩子出生）。当处在老师和家长的双重角色中时，我们很难将二者区分开来。我们明白应该将它们区分开来，但不知道该怎样做。慢慢地，我们意识到关键在于找到二者之间的重要联系。

我们已经知道的有关品格的两件事

所有父母都希望把孩子培养成为有品格的成年人。作为老师，我们已将自己的职业生涯投入在同样的希望之中。若说对于品格培养的经验，我们认为有两点:（1）品格是激发出来的，而不是灌输进去的。（2）品格的培养不能拘泥于某个具体的场所，而必须在广泛的环境中展开。

品格是激发出来的

只列出一些理想的品质（如尊重、宽容、诚实）让孩子们加以注意的话，是培养不了多少品格的。约翰·盖托（John Gatto）在《愚弄美国》（*Dumbing Us Down*）一书中以画家和雕塑家的对比来比喻伟大的教育。盖托注意到，画家开始时面对的是空白的画布，他们通过在其上添加色彩来创造新作品。而雕塑家开始时面对的是一整块石头，他们的工作是把不需要的部分去掉，让那个一直就在那里的形象显露出来。盖托说，伟大的老师应该是雕塑家而不是画家。我们同意这种看法。我们不是把品格灌输给学生，而是通过价值观塑造的挑战和经历把品格召唤出来。从这个角度来看，品格是必须培养才会有的奇迹。而一旦培养出来，还必须加以维护:“用进废退！”

多年来，我们在毕业典礼上总能遇到心怀感激的父母前来对我们说:“太谢谢你们了！你们老师还有学校真的让我的孩子成了有品格的人。”说实话，我们对于这样的溢美之词感到非常欣慰。不过家长们说的并不对。我们没有给予学生任何东西。应该说，我们只是帮助学生发现了本就属于他们的东西。有时，那些东西只是因为缺乏自信或是因为家庭功能失调而被掩盖起来。无论如何，伟大的老师总是能够消除障碍，点燃潜伏的信心，帮助孩子“起飞”。伟大的老师不是把各种品格强加给学生，而是激发出或是引导出所有孩子身上原本就有的潜在品质。父母的作用亦是如此。

场所与环境

场所与环境进一步表明了激发对于品格培养的作用。我们海德学校的高空攀绳课程就是一个有效的品格培养场所，体现了环境与场所的互动。高空攀绳课程培养勇气、冒险精神和信任。16 岁的女孩黛比接受课程挑战，爬上了绳梯。课程让她面对可能的风险，也要求她信任地面上离她 30 英尺的伙伴，小伙伴手中握着她的安全带绳。毫不夸张地说，她的性命就掌握在伙伴们的手中。

黛比完成了攀绳课程，她松开安全带，解下头盔，和伙伴们聊完了自己的感受，之后会发生什么呢？假定她回到自己功能失调的家。如果长期生活在不能强化课程的环境中，黛比就不能从攀绳课程中得到最大的收获。如果她的父母不重视勇气、冒险精神和信任，那么攀绳课程就失去了价值。如果黛比的父母不努力提升他们的品格，我们大可怀疑黛比是否会继续寻求对培养她的品格有益的各种挑战。

作为老师或家长，如果我们认为品格培养场所的作用胜过学生日常生活环境的话，那就太傲慢、太愚蠢了。因此，我们必须像现在开发学习场所一样，以同样的投入培育环境。想想要是黛比的父母能和她一起体验攀绳课程，那对她会有多大的好处。那样的话，场所和环境会共同发挥作用让她获益更深。

以上两点，即激发的作用和场所与环境，得出了同一个结论：父母在孩子的品格培养中需要扮演关键的角色。这个说法并不新鲜。不过，本书的十个优先重点将会以家长没有想到的方式考验他们。

在为写作这本书作准备的时候，我们决定花些时间到书店去转一转。我们想当然地认为应该先从心理学或教育学的书看起。意外的是，现在很多大书店都有“亲子教育”或“家庭”类图书专区。我们很快明白了为什么：相关话题的书太多了。我们读了不少，很多都不错。一些书告诉我们如何更好地养育孩子。然而，我们这本书和我们读到的书有很大不同。很多书都提出办法，父母怎样改变孩子的行为，而本书却旨在帮助家长改变自身的行为和态度。多年来，与我们在一起的许多家长一心想要改变孩子的行为，却忽视了提升自己的品格。下面这个典型的学生—家长—老师讨论表明，这可能会对家庭活力和士气产生非常负面的影响。

“你是个聪明的孩子，就是不努力”和其他空洞的语言

多年来，我们对许多孩子以及家长进行过面试。典型场景是，我们坐在房间里，和焦急的父母交谈，他们的孩子则表现得十分漠然而不情愿。母亲说得多，父亲也很关心，因为孩子开始出现下列一两项或所有表现：

- 成绩下降。
- 在学校或在家里有纪律问题。
- 和不良人士混在一起。
- 拒绝帮忙做家务。
- 不服从或不尊重权威。
- 怀疑（有时被证实）沾上毒品。

家长很迫切，因为他们听说过海德学校孩子们积极转变的故事，可能还看过有线电视对于这些故事的专门报道节目“60 分钟”和著名新闻节目“20–20”。他们满怀希望，却又害怕海德学校快速增长的申请者名单会让他们的“强尼”无法进入学校。而另一方面，强尼却暗暗希望自己不会被学校的项目接收。他听说海德学校的项目要求很高，所以他

试图搅黄面试。强尼的理由是：“爸爸妈妈的反应太大惊小怪了。”

我们一般先和孩子说话。常常是这样的：

我们：你在学校觉得怎么样？

强尼：可以啊。

我们：你觉得自己已经做得很好了吗？

强尼：可能没有。

我们：那你觉得自己可以做得更好吗？

强尼：我想可以。

我们：为什么你应该？

强尼：什么？嗯。为什么我应该什么？

我们：为什么你该做得更好？

强尼：嗯，我不……（在想：这是不是一个陷阱问题？）

我们：你觉得“现在在学校学得更好，以后会过上好日子”这话是家长和老师为了让你们听话编的谎话吗？

强尼：哦，既然你说了……

交谈到了这时，强尼弄不懂了。我们严肃而谨慎的语气并未表明我们站在他那一边。另一方面，我们也并未站在他的父母一边。事实上，我们根本不在意他们。有时，他还会发现，父母想要插话代他回答问题的时候，我们会打断他们。听到“谎话”这个词的时候，他的眼睛亮了一下。也许他不认为我们很“酷”，但是他感到我们能理解他永远不会因为生活中大人喜欢讲的那些硬性而空洞的鼓励就受到激励：

- 你真是个聪明的孩子，就是需要再努力些。
- 只要你努力了，我们不在乎分数。
- 只要你开心，扫大街也无所谓。

我们认为强尼的困惑是好的迹象，至少他降低了戒备心。这是他开始自我转变的好机会。我们再回到交谈。

我们：所以，谁说你需要更好？

强尼：爸爸妈妈。

我们：他们为什么那么说？

强尼：我想是他们觉得要是我不努力，以后生活就会一团糟。

我们：他们为什么那样想？

强尼：不知道。你为什么不问他们？

我们：哦，我们会问的。不过现在我们想知道你自己的看法。你觉得要是不努力，生活会一团糟吗？

强尼：我不确定。

和强尼说话的时候，我们也在观察他父母的身体语言和整体行为。我们和强尼说话的时候，希望他们保持安静，他们表现如何？他们让不让强尼自己说话？他们会不会在强尼回答自己生日这么简单的问题犹豫时，一下子脱口而出答案？我们问强尼他的父母做什么工作时，他们会不会克制想要更正或是补充他回答的冲动？（当他们知道强尼对于他们的工作有点不确定时，会目瞪口呆还是会生气？）如果我们问更严肃的问题，像是怎么评价父母，他们会不会为自己辩解？接下来，我们会问父母:“此时此刻，这个房间里谁最关心强尼的进步（或是没有进步)?”（这时，母亲带着紧张的微笑，指指自己，或是用食指来来回回地指指父亲，又指指自己。)“好的，现在这个房间里谁最不关心强尼的进步（或是没有进步）？”（这时，父母确定无疑地都指着强尼，对此强尼的反应出现了典型的剧烈变化，一开始是不好意思地微笑，后来则是愤怒地辩解。）有时，公共礼仪和个人感情发生碰撞时会产生火花，一下子呈现出原始的情感。事实上，这正是人类已经进化出的一种应激能力。“除非你们能调换角色，否则家里的问题将一直存在，因为你们一直追求的是无法解决问题的海市蜃楼。”

随着我们更深入地挖掘家庭关系，显而易见，父母特别担心强尼。母亲比父亲更严重，很多晚上都睡不着觉，想着“我们什么地方做错了”。数算着下列这些可能的原因，她才能慢慢睡着:

- 我们太软弱了。
- 我们太严厉了。
- 天生的。(不过，老大也不这样啊！)
- 可能需要用用药。
- 可能只是暂时性的，会好的。
- 真希望他换个生物老师。
- 可能应该和不同的人接触一下。

而在此时，强尼却在楼下呼呼大睡，对妈妈的痛苦一无所知。因此，要做的第一步就是，母亲必须把担子转到强尼的肩上。母亲现在的做法不但帮不了强尼，对她自己也是个精神的折磨。为了让强尼健康成长，她愿意做任何事。强尼直觉地感到了这一点，因此他选择了退到一边，让母亲包办一切。母亲需要关注自己，而不是关注强尼。现在的情况是，该强尼担心的事，却是母亲在担心。她在一定程度上造成了问题，而不是解决了问题。

这些年来，我们看到越来越多的父母处在不安之中，有时还会伤心痛苦。他们的家庭生活不是当初想象的样子。很多人已经对自己为人父母的能力失去了信心。大多数人对此感到愤怒。大多数父母没有抚养孩子的策略，所以他们往往走向两个极端。一个极端是，他们想要严格执行非黑即白世界中具体严格的规则。这种策略一般都行不通，因为孩子们最后都会毫无激情地以父母最低可接受的行为敷衍了事，但他们自始至终也不会放弃消极的态度。另一个极端是，父母明显在摇摆中走向完全相反的一边，没有明确而有效的理念，这样牺牲的就真的是家庭纪律和家庭秩序。两个极端一定会导致父母对孩子的行为做出反应，最明显的感觉就是他们好像总是慢了一步。两个极端都不会带来几乎所有父母都渴望的成就感。

看到父母在这两个极端中束手无策，我们开始觉得能够通过和他们分享我们所学到的来帮助他们，我们是从不断尝试和犯错，坚持不懈，以及我们对海德学校基本原则的信念中学到这些东西的。表面上看，这些原则很简单，甚至是显而易见的。它们借鉴了很多古老的智慧，也不是故意要表现得有多少新想法。不过，这些原则对做一个真正的好人意味着什么的核心信念的确进行了深入挖掘。理解海德学校的理念和项目将很有可能帮助我们客观而正确地认识本书中的十个优先重点。

海德学校：我们的实验室

每个个体都有独特的潜能决定着他的命运。

马尔科姆的父亲约瑟夫·高尔德 1966 年在缅因州巴斯市创办了海德学校。五六十年代，约瑟夫是备受认可的数学老师，也是大学的篮球和足球教练。他创办海德学校的想法源于一次高等微积分课的授课经历。他班上的一个学生是他教过的最聪明的学生。然而，这个学生没有表现出多少真正的好奇，几乎只是仗着自己的天分。而且，他也很少在意其他同学的进步。约瑟夫唯一能做的是：告诉这个年轻人他需要让自己尝试更有挑战性的额外学习，也需要更加关心其他同学。但说归说，约瑟夫转过身，还是给了这个学生全班的最高分。

同班的另一个学生是“典型的苦干者”。他在学习上有很大困难，但却表现出学校所倡导的所有品质和美德：好奇、勤奋、同情心、诚实等等。在一次开诚布公的谈话中，约瑟夫表扬了这个孩子，然后不情愿地给了他全班的最低分。在传统评分体系下，两个学生都没有得到应有的成绩，这让约瑟夫非常不安，也让他做出一个决定，打破现状，创立一所按照不同重点教学的学校。（很偶然的，几十年后，约瑟夫知道了这两个学生的状况。那个“天才学生”做过不少工作，不过都称不上真正的成功。那个“苦干学生”成了知名的工程师，有着幸福的家庭。）他要寻找一种教育的新方法，有意识地让学生为生活做好准备，而不只是为上大学做准备。学校的课程不再是围绕五门主课来搭建，而是把焦点放在五个词上——勇气、正直、领导力、好奇、关怀——同时开始探索把这些词应用于学校课程的方式。

自创立以来，海德就一直致力于教育和培养学生的品格。开始，学校设定了一些核心信念。其中一些包括：

1. 每个个体都有独特的潜能决定着他的命运。
2. 命运的关键植根于品格的培养。
3. 品格培养需要致力于追求崇高的原则——美德而不是价值。
4. 品格培养需要我们寻求生活的深层目标。
5. 品格培养让我们要努力使世界变得更好。

35 年后，海德学校已发展成为一个学校集团，其中有很多项目，但我们仍在努力遵守 1990 年学校实行的“宗旨声明”，表达我们对于成立之初理想的坚守。每一年，所有学生和员工都要签署这份声明：

海德学校宗旨声明

每个人生来都被赋予了独特的潜能，这份潜能决定了一个人的命运。致力于品格培养让我们能够实现最好的自己，找到生命中的满足感。用马丁·路德·金的话来说，我们努力建立一所学校，这里不是以天生的才能，而是以他们品格的内在力量来评判学校成员。

我们的主要目标是海德学生的个人成长，而我们的经历教会我们，要达到这一目标，所有成员——学生、老师、家长——都必须努力自我成长。随着我们越来越接近我们想要达成的培养目标，和越来越知道如何达成，我们也越来越相信，我们的成功更多的是因为坚守了一套信念体系，而不只是一套设定的课程。这套信念体系的基石就是五个词和五个原则。

自学校创立起，这五个词就刻在学校的保护盾牌上：

好奇

勇气

关怀

领导力

正直

1988 年我们全校都采用了五个原则：

命运：每个人生来都被赋予了独特的潜能。

谦卑：我们相信一个超越我们自身的力量和目的。

良知：我们通过品格和良知实现最好的自己。

真实：真实是我们的首要指导原则。

兄弟情谊：我们帮助他人实现他们最好的自己。

我们重视这些表达，渴望在个人或集体的努力中体现出这些原则。我们在学校表现出的尊重以及我们给予伙伴的尊重是这些努力的直接反映。

海德校徽是宗旨声明的微缩版本，上面印着三个词：品格、家庭、教育。这些词是我们的学生、家长还有老师日常生活必不可少的一部分。

品格

品格渗透于我们在海德所做的一切之中，每一个参与其中的人——学生、家长、员工——都努力诚实且公开地培养自己的品格。五个词和五个原则是几乎所有日常活动和讨论的前提。对于许多学生而言，最深刻的个人成长发生在被同学和老师推动着越过自己的舒适区接受挑战之时——比如，足球英雄尝试现代舞，或是计算机能手加入摔跤队。这些学生不但发现了自己品格的新方面，可能还发现了潜在的能力，而且还为看重冒险精神的校园文化做出了贡献。海德的学生毕业时至少都实现了下列目标：

- 完成了一项严格的大学预备学术项目。
- 参加过校际运动队。
- 在全校师生面前进行独唱表演。
- 为全校师生做即兴或预备的演讲。
- 参与过一些社区服务项目。
- 在缅因州野外露营、划独木舟、徒步旅行。
- 练习在同学中的领导力。

- 参加师生评估。
- 和家长一起完成家庭教育项目。

教职员工也要接受冒险，所有人都要接受挑战教授或是指导他们专业以外的内容。

家庭

海德的家长也发现，在他们体验家庭项目的时候，自己也进入了新的领域。家长不只是要支持老师的工作，而是要参与并培养自己的品格。所有的家长都实践并培养了“最艰巨的工作”这一项目的十个优先重点。

教育

海德之所以赢得了全国性的声誉，部分原因在于我们在大学入学准备方面取得的成功。很多情况是，来到学校的学生几乎没有希望被录取进入可靠的大学，更不用说竞争激烈的学校了。不少所谓的辅导学校可能成功地为学生注入了积极的态度，使一家人团结一致，不过没有几所比得上海德学生的大学录取率。98% 以上的海德毕业生上了四年制大学。20 世纪 90 年代，海德毕业生被多所名校录取，包括贝茨学院、鲍登学院、巴克内尔大学、卡尔顿大学、卡耐基 · 梅隆大学、芝加哥大学、科尔比学院、科尔盖特大学、哥伦比亚大学、康奈尔大学、大卫森学院、杜克大学、乔治城大学、乔治 · 华盛顿大学、明德学院、西北大学、范德堡大学、华盛顿大学、卫斯理大学。我们 98% 的大学录取率一直保持了 30 多年。

喜忧参半:“让人改变的王牌学校”

早年，约瑟夫知道潜在的学校申请者可能会觉得自己像实验中的天竺鼠，特别是在有优秀预备学校摇篮之称的新英格兰。因此，他把自己的眼光定在了“后进生”身上，相信这些学生的成功最终会吸引众多优秀生前来申请，让他们看到海德能够让他们更好地学习。然而，海德对这些所谓的“问题学生”做得越好，就越被看作是只针对问题学生开设的学校。20 世纪 70 年代，海德因招收行为不端的后进生，并把他们送入顶尖大学所取得的引人注目的成功受到全国媒体的关注。“今天”“唐纳修访谈”“大卫·苏斯昆”这些电视节目，全国的报纸和杂志都进行过报道。尽管我们为取得的这些成就自豪，有时却也感到这样的声誉过于简化和有限，这就像一位严肃的音乐家对于仅凭一首新潮热门单曲流行而获得广泛认可无法获得成就感一样。

首先，并非来海德上学的所有学生都有问题。我们的确在改变学生方面名不虚传，可是我们也有充满挑战而独特的教育方法，适用于所有孩子。这也是我们希望自己的三个孩子接受的教育。自 20 世纪 70 年代我们和家长打交道以来，我们也招收了许多这些所谓问题孩子的兄弟姐妹，2000~2001 年就有 50 多个。这些孩子的家长最初找到海德是因为儿子或女儿有某种问题。一旦他们接受了海德的项目，就会想:“哇哦，太棒了！我们想让所有的孩子都来海德接受教育。”然后他们就送来了其他孩子。这些学生、他们的家长，还有许多其他学生会对自己的学校被定性为是给问题学生开设的而觉得受到了一些冒犯和侮辱。

海德不愿被说成是“王牌学校”的另一个原因是一种深层的理念问题。我们的确认为学校和家庭需要做出重大改变，但这并不是说我们觉得孩子们是“问题”。学校许多成绩良好、表现出色的孩子事实上也有和问题孩子同样的许多问题，只是他们能够更好地隐藏，或是他们的父母和老师选择视而不见。一个最近毕业的海德学生，全美优秀学生奖学金的半决赛选手写道：

> 不幸的是，只重成绩的教育体制很容易让考试成绩和奖励诱惑“好孩子”获得错误的成就感。这种成就感之所以是错误的，因为它建立在某些人僵化教条的期望之上，像是分数和行为规则，而不是建立在个人潜能的标准之上。很多学生能够达到老师或学校课程设定的标准，却毫无兴趣和感情，太懒或是太胆小，不敢冒险挑战自我，只愿意保持乏味的现状。海德让我超越了这种情绪低落、萎靡不振的现状，让我能够成为有所成就和行为良好的青少年。

很多所谓的“好孩子”开始慢慢讨厌他们上海德之前接受的教育。（参看优先重点 5“成功失败都有价值”）他们感到那样的教育让他们逃避可能影响 GPA（Grade Point Average，译为平均成绩点数、平均分数或平均绩点，是大多数大学及高等教育院校采用的一种评估学生成绩的制度）的有意义的挑战。讽刺的是，为提高大学申请而做的努力最后却损害了重要的品格培养。一个女生写道：“我能想到的上海德之前的全部事情就是死气沉沉，就是分数、规矩和微笑。而在海德，我学会了让朋友了解我，知道我的缺点。”海德的一个一年级生说得很简单：“我知道要是待在原来的高中，我会变得更加浅薄和虚伪。现在，我不再想着看起来完美，而是想快乐地做自己。”

我们认为，当前的教育制度实际上在塑造“问题孩子”方面起了主要作用。过分看重天分打击了孩子们的士气，助长了当前青年文化中的消极方面。我们认为，本书可以帮助家长和老师消除这一问题的某些影响，不过写作本书的最深层动机还是希望能够揭示问题产生的原因。

1993 年，我们建立了康涅狄格州大纽黑文海德领导力学校，这是一所公立磁石高中学校，共招收了 175 名本市的学生。1996 年，我们“克隆了”寄宿学校模式，建立了康涅狄格州伍德斯托克海德学校。1999 年 9 月成立了华盛顿特区海德公立特许学校，最终招收了 1000 名从幼儿园到高中的学生。我们在城市公立学校和学生还有家长打交道的经历让我们相信，海德的承诺有着普遍的特质，吸引了各个种族，不同社会、经济背景的家长。我们设想未来会在全国其他地区建立海德模式的公立和私立学校。

旅程开始的时候如果不知道自己的确切位置，地图和指南针就都没有作用。而在开始的时候，对于我们将要去的地方，还有为什么事情是现在的样子有所了解，将对前面的行程大有助益。

事情为什么是现在的样子

我们经常听到人们说事情“过去怎么样”，孩子们“过去表现多么好”。奶奶们说孩子们现在缺少礼貌，大学教授们哀叹学生们现在糟糕的技能，作为父母，我们很多人都记得自己害怕父母，现在这种情况已不太多见。这些主张回到过去的说法真的有帮助吗？它们能让我们继续前进吗？

在工作坊中，我们谈到孩子和家长面临的一些影响和问题。其中我们提到了影响家庭结构的四点内容：

1. 车轮辐条和“漠然处之”
2. 对自尊的崇拜
3. 想要修复原生家庭
4. 高质量时间的秘密

想想我们自己的父母。想象一下他们抚养我们长大过程中面对的挑战和他们养育孩子的困难程度。现在，想象自己身为父母的挑战和所面对的困难程度。谁更难：你，还是你的父母？我们问过全国各地成百上千的父母这个问题。不约而同，80% 多的父母都声称他们比自己的父母更难。老师们似乎也是同样的感觉。你可能看过那份对比 20 世纪 40 年代和 90 年代老师的著名调查。当被要求说出他们在学校面对的最大问题时，40 年代老师的答案似乎很传统：学生厌倦学习、吃口香糖、晚交作业。90 年代老师的答案则十分吓人：毒品、怀孕、枪支、暴力。问题看上去似乎大得有些吓人。

近年来，我们参观了很多学校：公立的、私立的、教会的、非宗教的、城市的、乡村的。不论什么样的学校，也不论学校在哪儿，我们都很沮丧地看到它们全都缺乏一种创造性的火花。太多的孩子似乎对此完全不在乎。在探索个人潜能方面，他们都有我们称之为“漠然处之”的表现。为什么呢？

美国家庭和学校至少 40 年来都处在衰落的漩涡中。开始是考试成绩下降、离婚率升高这些奇怪的现象，很快就演变为一幅令人不安的离婚、旷课、疏离、毒品、暴力的拼贴画。最近，这种衰落甚至恶化得让人害怕，表现为一度不知名的淳朴小镇里的孩子携带枪支，这些小镇诸如琼斯博罗、利特尔顿，还有桑蒂。作为教育者和家长，我们认为今天孩子们的表现只是在对继承自我们的文化做出的简单回应，我们拼命要抓住这种文化，但却显然忽视了它的副作用带给我们的讽刺。

底线很简单：在我们创造的体制内，学生认为自己最大的努力不会受到尊重。尽管家长磨破嘴皮子说“只要你尽最大努力”这样的话，孩子们的分数常常反映的只是最终结果，而不能反映他们付出的努力。考虑到我们不能要求孩子为他们继承而来的文化负责，家长就必须引领创造一种新的文化。要能够创造这样一种文化，我们必须意识到与当前文化相关的问题。马尔科姆提出了四点，第一点我们称之为“车轮辐条”。

车轮辐条和“漠然处之”

我们中那些出生于“婴儿潮”时期的人接受的并不只有学校的教育，更多的是受到一个巨大的机构网的影响，这些机构就像自行车轮子的辐条。学校只是其中一个辐条，其他辐条还有姐妹、兄弟、父母、朋友、朋友的父母、社区、教堂、男孩和女孩童子军。我的理发师和我聊过时事。我记起有一次比赛时，头两局还没打完，自己已经让对手完成了 17 垒，小联盟棒球教练跑到我身边。他叹气说：“马尔科姆，你的队友今天不太配合你。”我记得自己听完教练的话后厌恶地扔掉了手套，这时另一个教练跑过来公开指责我的行为不当。（我也记得妈妈允许了这一切，没有干预，这在今天是很少见的。）我甚至记得在新罕布什尔州田庄大厅第一次跳舞时被告知相关礼仪的事情。

车轮辐条

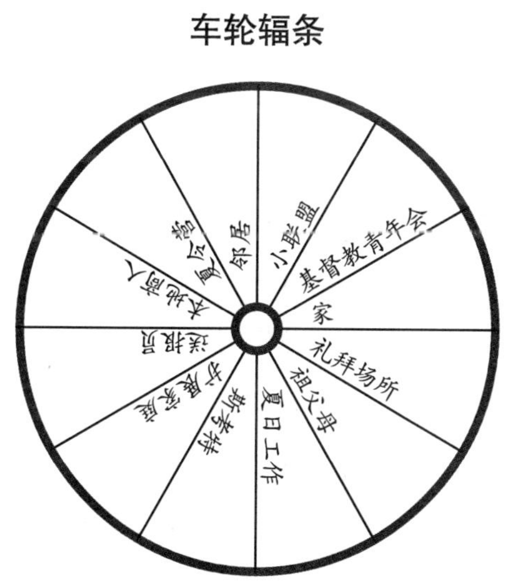

最近我有一次在学校走廊和一群高中生开玩笑的经历，但类似经历表明今天许多孩子都没有从同样的“车轮”中受益。我走过大厅，注意

到四五个高中新生在逗其中一个同学玩。决定介入他们的吵闹以后，我首先吸引他们的注意，然后说："你们中间谁没有罪就可以先拿石头打她。"（这是圣经中耶稣面对控告行淫妇人的人时说的一句有名的话——译者）他们都停了下来，不解地盯着我。最后，一个学生喊道："高尔德先生同学，你真是能说会道啊！"我说这话不是我说的，然后简单解释了一下这句话的出处。

在学校所有关于祷告的热烈讨论中，我们好像要么没有注意到，要么就是有意避免一个显而易见的事实：今天的孩子们对于最基本的犹太教和基督教教义知之甚少，而正是这些教义长久以来的引导帮助教会了美国人该怎样生活。我们 20 世纪 70 年代中期开始教书的时候，就认真讨论过庆祝光明节和圣诞节的好处。那些讨论提高了对于不同观念的容忍度和尊重。那是好消息。坏消息是：这些东西的获得是以牺牲对于那些信仰的真正理解为代价的。换句话说，今天大多数孩子都知道在寒假时尊重光明节和圣诞节的重要。然而，太多的孩子不理解这些节日是关于什么的。结果呢？用一位受尊敬的大学校长的话说："孩子们道德不成熟，不是说他们没有道德，而是说他们不确定他们的道德是什么。"

这不是一种怀旧的呼唤，让我们回到"过去的好时光"。也许从来就没有什么好时光。然而，在我们迫不及待地批评美国学校衰落之前，需要记住从来就没有什么时候学校"把一切都做完了"。车轮上的其他辐条也起着关键的作用。我们认为期待学校未来会"把一切都做完"是没有用的。现在是时候重建车轮了，就从两个最关键的辐条开始：学校和家庭。这种改变更多是文化而非教育的。本书的十个优先重点可以让任何家庭开始这一过程。

对自尊的崇拜

因为缺少有效的激励文化，许多家庭和学校已经被紧紧困在我们称之为“对自尊的崇拜”中。这是一种广泛存在于家庭和学校的心态，认为孩子们需要时刻自我感觉良好。这种心态的前提是：“要是能让孩子自我感觉良好，他们就能做出伟大的事情。”我们认为，是时候看看望远镜的另一端了：孩子们做了伟大的事情，就会自我感觉良好。

孩子们不必时时刻刻感觉良好。获得真正自尊的旅程需要他们忍受艰难困苦，克服一路上的障碍。旅程结束前他们很可能会感到缺乏自尊。虽然自尊不是要了就有的礼物，可一旦获得，就永远也拿不走。我们认为，对自尊的崇拜直接导致了今天学校许多具体问题的产生，从旷课到考试作弊，到滥用毒品、枪支、暴力。事实上，这些行为替代了培养真正自尊所需要的努力、牺牲和困难。

想要修复原生家庭

你养育孩子的时候哪一种冲动更强烈？

A. 以自己父母的方式？

B. 和自己父母不同的方式？

我们在“最艰巨的工作”工作坊中问过全国成百上千个父母这个问题。我们预计，不论什么样的家长，也不论来自哪里，80% 的父母会选择 B。（同样的，这个问题也能反映他们对于之前一个问题的回答，即我们还是我们的父母养育孩子更难。）他们都有以和自己父母不同的方式养育孩子的冲动。一些家长吃惊地发现，对于养育孩子他们缺少清晰的目标，因为他们想得更多的都是养育孩子不应该怎样做。比如：

- 他们尝试宽容对待孩子，以补偿自己小时候父母的严厉。
- 他们尽力维护一种非正式的家庭氛围，而不是小时候父母的高高在上。
- 他们或许想创造快乐、激情洋溢的家庭氛围，而不是小时候父母的保守矜持。

一些这样的安排可能为家庭带来积极的影响。（就像马尔科姆做教练的时候所说的“意外进攻”。）不过，改变自己完全站在某个人的对立面，就和改变自己完全模仿某个人一样没有意义。不论怎样，你都不是做你自己，而是允许别人决定你养育孩子的议程。我们见过很多家长在这样一种心态下挣扎：“要是按照和父母完全相反的方式做事情，一切就会好很多。”要是这么容易，我们就不会称它为“最艰巨的工作”了。

不是用记忆中父母的做法比照我们的行为，我们需要的是对自己身为父母有一个深思熟虑的目标。在我们称为“家庭学习中心”的三天项目中，海德学校的所有父母都要思考这一点以及其他问题。尽管大多数父母来的时候都想要改善与子女的关系，我们一开始却问他们一个简单的问题：“你是不是摆脱了自己的父母？”他们马上想：“当然！”到了第一天晚上，许多父母发现他们其实还没开始。通过运用本书中的十个优先重点，他们建立了起点，由此开始放手过去，为家人设立一个新的目标。

高质量时间的秘密

我们也见过不少家长，他们觉得有一把通用的家庭发展钥匙以“高质量时间”的形式存在着。“更多时间”这一解决办法证明对于一个不确定自己目标和原则的家庭并不是那么有用。一些情况下，更多的时间甚至会产生意料之外的影响，强化没有效果的态度和行为。我们不愿提出“高质量时间的秘密”这样的概念，因为我们不想让父母得出结论说他们有理由和孩子在一起的时间少一些。我们想让你知道不付出大量时间和精力是不能做好“最艰巨的工作”的。不过，这些时间必须在遵守一套反映家庭美好未来的原则下投入。价值体系动摇的话，更多的时间也不会让你走得更远。仅有时间是不能成事的。

独特的潜能——命运的钥匙

你的主要目标不是和孩子们建立关系。

你的主要目标是帮助孩子与他们独特的潜能建立联系。

十个优先重点的基本前提是，每个个体都有独特的潜能，这份潜能决定着他或她的命运。独特的潜能这一概念是本书的核心所在。因为有这份独特潜能，我们认为，每个人的命运都在前面等待着我们，并且我们相信，必须加强品格，培养良知，以提高我们实现命运的机会。

几乎所有父母都喜欢说一句老掉牙的话鼓励孩子："好好学习，以后想做什么都可以。"在海德我们认为，这种说法实际上滋生了当今社会面临的许多问题。

我们发现这一初衷良好又单纯的信息存在两个问题。第一，这不是一句真话。为了便于讨论，我们假设所有阅读本书的家长的儿子都想打上诺丹特大学橄榄球四分卫，那会发生什么呢？要是所有阅读本书的家长的女儿都想成为美国第一位女总统，又会怎样呢？还不相信吗？要是所有男孩和女孩互换他们的目标呢？这些情况显然都不会发生。当父母说这些鼓励性的话语时，他们的目的常常是试图使自己安心，也让孩子安心。孩子们几乎总是看透了这一切。在他们看来，可能是这样：妈妈爸爸喜欢掩饰，这样我就不会为自己的缺点感到灰心丧气。我想知道，他们是不是真的相信我？我也想知道，我到底有什么真正的能力，怎样才能实现它们？关于这一主题更多的内容，请参看优先重点 5“成功失败都有价值”。

第二，这种说法偏离了这样一个概念，即人生有一个目的。（我们来到世界上只是做我们想做的任何事吗？）以马尔科姆为例，他的独特潜能是当老师，不过却为此甚感挣扎。开始教书时，他认为课堂只是他暂时丰富个人经历的地方，然后他会开始一项更赚钱也更受人尊敬的职业，也许是在法律或商业领域。因为感觉到了想获得物质上成功的欲望，他一开始很抵制自己是老师这一想法。20 多岁 30 岁出头的时候，他一度不想当老师，并且质疑留在一份经济回报有限的工作中是不是明智，此后有几年时间他离开讲坛而去公司发展。虽然很看重新的经历，但他也慢慢发现老师才是他的天命所在。

当命运召唤我们时，我们有时不想听。我们需要听一听。如果自己都充耳不闻的话，我们就不能指望孩子倾听命运的声音。与命运激动人心的约定在等待着我们，条件是我们为此做好了准备。这样，品格培养就只是实现目标的手段，而不是目的本身。（我们将在优先重点 4“设定更高期望，放手结果”中进一步探讨这个问题。）

我们问家长家里情况怎么样的时候，他们的回答总会谈到与孩子的关系。他们不约而同地会说这样的话：“哦，最近我们相处得很棒！”或者，“家里现在紧张得让人透不过气。”（我们自己家过去几个月不同阶段的生活也充分证明了父母们说的没有错。）我们会挑战父母，可能直接向他们提议：你们的主要目标不是和孩子建立关系。你们的主要目标是帮助孩子与他们自己独特的潜能建立联系。

要面对这一挑战，家长们需要知道，有些时候为了寻求独特的潜能需要牺牲家长与子女的关系。同样，不偶尔冒险考验亲子关系将很有可能减少孩子实现自身独特潜能的希望。我们见过的最让人失望的家庭状态是，父母反对冒险，整个家庭被锁在平庸的停滞状态中。这样的父母有意或无意中进入了一个怪圈，他们选择看得见的东西，而不选择看不见的那个。为了确保待在不会有真正的坏事发生（像是激烈的争吵或是孩子离家出走）这个幻象中，他们宁愿选择没有好事发生。独特的潜能不能保证我们一定会赢得比赛。要让独特的潜能在家庭中占据重要位置，每个家庭成员都必须明白，他们是在发现最好的自己的旅程中。我们无法控制这个旅程，我们只能控制这个过程中我们投入的态度和努力。

你是按照品格文化的要求生活吗？

想想你的孩子，在脑海中想想他们的样子。现在想象20年后他们的样子。你希望他们以什么原则为荣？你想让他们具备什么品质？你希望他们成为什么样的人？花几分钟写下你的答案。

1998年，在学校里和学生及家长打了20余年交道之后，我们开始为全国的家长开设家庭工作坊。名字定为“最艰巨的工作”，是因为这些工作坊被设计成是为了帮助父母认识、联结、发展他们抚养孩子的本能并根据这些本能来行动。每期工作坊我们都问上面的问题。然后，我们拿出记号笔，把答案写在教室前面的白板上。不论来自哪里，不管什么样的家长，答案都很接近，都包括以下内容：

尊重他人

快乐

有目标实现的满足感

有品格

有工作

诚实

有勇气

机智灵活

正直

自信

有领导力

心态平和

谦卑

愿意冒险

善于沟通

值得信赖

自尊

会养育儿女

对生活有激情

关爱他人

有社交能力

负责任

如果你像大多数父母一样，你的答案也会有很多这样的内容。我们的经历表明全美国的家长对孩子都有着共同的期望。作为家长，我们当然希望自己的三个孩子会表现出这些品质。我们也希望他们拥有一种自信，能让他们想象并追寻激动人心的梦想，有勇气把世界看成是实现梦想的地方。作为父母，我们的内心其实很是纠结，因为关于这些品质我们自己知道的一个事实是：我们无法把它们给予孩子。通常我们需要让路，让其他人把它们赋予我们的孩子。有时，我们需要让路，让孩子们自己主动获得它们。然而，我们可以努力培养自身的这些品质，为孩子做出有力的示范。

自从和许多家庭打交道以来，我们吃惊地发现自己不记得和父母讨论过他们灌输给我们的品质。这些品质好像是通过日常生活吸收的，这表明做比说更有效，只跟孩子们说什么重要不如让他们看到你在自己的生活中更看重什么。

我是谁？

养育儿女是一个非常巨大的挑战。放大一下这个挑战，我们会看到父母面对的其实是一种持久的文化压力，那就是他们要有神奇的本能指导自己的每一个行为。这种压力可能会造成恐慌、自我怀疑、不愿寻求帮助，或是不愿承认问题的存在。从头到尾他们都在不断提醒自己："可是我应该知道这样的情况下该怎么做！"为了减轻这种压力，我们在"最艰巨的工作"工作坊中进行了一个叫作"我是谁"的5分钟练习。我们选了米奇·阿尔博姆的畅销书《相约星期二》里的一段话开始。书中，阿尔博姆来到他以前的教授莫里的床前，听快要去世的老人诉说对于死亡和即将离开世界的看法。最后，阿尔博姆对生命和生活有了更为深刻的理解。教授曾这样说："我们的文化看重的是错误的东西，但你得足够强大，才能说要是文化不对，我们不要买它的账。"在"我是谁"的练习中，我们问听众："想一想我们每天生活在其中的文化，成就和成功占据了主导的地位，在这样的文化中别人是如何评价我们的？"我们有意不做进一步的解释，但却总是得到父母同样的回答，无论他们来自哪个地区。工作坊参加者的真实回答见下一页的表格。

接着我们问："现在，让我们看一看品格文化。在品格文化中我们会被如何看待？”典型的答案也请见下面的表格。

然后我们一起看两次的回答，然后再提问：“它们说明了什么？”想想我们日常生活中是怎样按照这两套非常不同的模式行事的。

成功文化	品格文化
· 薪水	· 态度
· 工作地位	· 努力
· 教育程度	· 服务他人
· 住的房子	· 社区服务
· 住的社区	· 正直
· 开的汽车	· 勇气
· 在哪儿度假	· 榜样
· 孩子做什么工作	· 信仰
· 孩子在哪儿上学	· 激情
· 外表：衣服、体重	· 毅力
· 怎样讲话	· 幽默
· 生日聚会	· 梦想

接下来我们让参加者和自己不认识的人结对，交替谈论自己两分钟，不能提及任何成功文化即左手边那一栏的内容。我们明确提出：“不能说自己做什么工作，去哪儿度假，上的是什么学校。最重要的是，不能说孩子。”（经验表明，最后一个要求对于总是密切关注孩子，喜欢谈论孩子年龄、名字、习惯等等的母亲来说尤为困难。）为了放松心情，我们问大家：“开始觉得有点受不了了吗？”（这时很多人明显都有点坐不住。）“需要指导吗？你们可以说说这些方面……”然后我们列出来几

点供大家谈论时参考：

- 孩子：你小时候是什么样子？
- 优势：你个人的优势是什么？
- 障碍：什么事情拖你的后腿，让你很感挣扎？
- 爱好：你喜欢做什么？（只要不在左边第一栏的都可以！）
- 愿景：你对生活和未来的梦想是什么？”

我们的工作坊通常会让一个助理示范这个练习。此举常常会缓解房间里明显的紧张气氛。下面是劳拉在一次工作坊里的示范练习：

> 我叫劳拉，42岁。我觉得自己有强烈的责任感。小时候，我是一个假小子，喜欢爬树、堆沙堡。我小时候父亲就去世了，所以我为自己建立了一个小小的幻想世界，时不时我会退入其中。在家里，我扮演的是小丑的角色，就算在打架的时候我也尽力让大家哈哈一笑。我还有幽默感。我也觉得自己有把握全局的能力。拖我后腿的障碍不太明显。家人指出我缺点时我常常为自己辩解。我其实没有看上去的那么自信。在有些领域，例如科技，我不大愿意学习。我努力鼓励别人寻求帮助，却什么事都想自己做。我喜欢看书，每天还会步行一段距离。那是我为自己做的事，也因为付出了努力而感觉良好。我小时候画了不少画，还想从事更多与艺术有关的工作。我喜欢参与各种艺术活动。我未来的一个梦想是要真正影响……

“时间到！！！”

然后我们让参加者两人一组开始交谈。房间一下子充满了讨论的声音。两分钟过去，我们喊：“互换角色！”然后讨论再继续两分钟。然后我们重新集中，让参加者谈谈对练习的感受，大家普遍承认自己作为家长、作为一个人所考虑的优先重点不像自己原来想象的那么清晰。常见的说法有：

- “虽然从来不认识这个人，但我们分享的比我想到的多很多。”
- “我一下子感到和这个陌生人比和许多朋友还亲密。”
- “我希望自己日常生活中能像这样和别人交流。”
- “我以新的方式了解了自己。”

上面的说法很有代表性。在过去的工作坊中还有一些令人难忘的话：

- 来自纽约的一位父亲说：“多少年了我第一次真正听别人说话！”
- 来自伊利诺伊坎卡基的一位母亲说：“我们大人常常欺骗自己说，孩子们在家表现得多好，家里的一切都很好。现在不应该再那样了，我们需要脱胎换骨。”
- 旧金山的一位父亲说：“虽然我告诉孩子们生活中最重要的是右手边列出来的那些品质（即品格文化），但我得承认自己的生活大多是按照左手边的文化进行的。我想我让孩子们看到的是成功更重要，因为，我绝大部分的时间和精力都花在了如何成功上。”

想想这位旧金山的父亲所说的。他的观察正说出了我们写作本书的主要动机。如果我们自己不努力按照右手边的品格生活，我们就无法指望自己的孩子这样生活。我们到处让陌生人加入“我是谁”的练习，这也许有点不可取，不过我们借此可以开始更加诚实、少些伪装地和我们的孩子、和我们的好友交谈。劳拉说：“当我在工作坊全体成员面前做这个练习的时候，总是会紧张。我的声音不像开始时那样洪亮自信。而我们真正谈论自己是谁时所表现出来的脆弱，实际上为我们做个好父母提供了最好的基础。”我们生命的大部分时候，特别是在职业生涯中，我们可能学会了依靠自己的自信和能力导航，从而获得成功。但抚养孩子需要更好的导航工具。那是和我们努力了解自己、提高自己有关的旅程，也需要我们以谦卑和勇气把自己敞开在最爱的人面前。

回到本章开头的列表（即我们希望孩子们 20 年后具备的品质），作为父母，我们不能把诚实、尊重、关怀、领导力这些品质加在孩子的身上，而是要帮助他们发掘自己身上的这些品质。像花儿朝着太阳生长，孩子们最自然的行为就是模仿我们示范的行为。詹姆斯·鲍德温曾说：“孩子们从来不太爱听大人的话，但永远在模仿大人。”因此，如果想要激发孩子，我们就要有意识地亲身示范那些希望让孩子们学会的态度和行为。

请注意品格文化列表下的品质和之前的列表“我们对孩子的期望”是多么相似。

品格文化

- 态度
- 努力
- 服务他人
- 社区服务
- 正直
- 勇气
- 榜样
- 信仰
- 激情
- 毅力
- 幽默
- 梦想

我们对孩子的期望

- 尊重他人
- 快乐
- 有品格
- 有工作
- 诚实
- 有勇气
- 机智灵活
- 正直
- 自信
- 有领导力
- 心态平和
- 谦卑
- 愿意冒险
- 善沟通
- 值得信任
- 自尊
- 会养育儿女
- 对生活有激情
- 关爱他人
- 有社交能力
- 负责任

现在，让我们转向十个优先重点，它们能引导孩子具备我们最终想让他们具备的品质，让我们开始与这种文化同步吧。

第二部分

十个优先重点

The 10 Priorities

优先重点 1　真实比和谐更重要

优先重点 2　原则比规则更重要

优先重点 3　态度比天分更重要

优先重点 4　设定更高期望，放手结果

优先重点 5　成功失败都有价值

优先重点 6　让障碍成为机遇

优先重点 7　学会抓住和放手

优先重点 8　创造品格文化

优先重点 9　谦卑地寻求和接受帮助

优先重点 10　激励孩子是我们首要的工作

明确你的优先重点

这里提出的十个优先重点是一些让人思考、在其间挣扎或者一笑置之的概念，最重要的是要将它们应用于我们的日常生活。我们发现，它们能帮助父母发挥抚养孩子的本能，这对孩子和家庭都有好处。养育儿女常像是无所适从的任务，这十个优先重点让这一任务得到具体和细化。每一个重点部分都有我们多年来打交道的孩子、老师、家长写下来的个人故事节选。每一部分也设计有个人训练和群体练习，帮助家长和孩子将各个优先重点付诸实践。除了这些练习，还有给家庭的日志问题，用以指导优先重点 8 中所描述的个人日志。

“最艰巨的工作”工作坊源于我们想要把海德家庭项目提炼成为一次给父母的 4 小时体验的动机。这些家长的孩子都在海德上学，他们参加了一个综合性项目，帮助自己关注前面我们提到的表格右边“品格文化的要求”。在着手提供 4 小时体验的过程中，我们一直在想：“我们怎样能够帮助家长确认自己的优先重点？”事实证明，本书中的十个优先重点就是答案。

这十个重点不是为解答我们在家庭中遇到的每一个挑战和困难而提出的。养育孩子的对错并不像黑与白一样分明。这十个重点可以提供一个框架指导我们的努力。正如一位华盛顿特区的家长所说：“我学会了一套表达和实践的方法。”十个重点可以帮助我们决定将重点放在哪里。比如，在优先重点 1“真实比和谐更重要”中，我们不会提议父母在家中只关注真实，不注重和谐。而是说，我们鼓励父母在拿不定主意时要选择真实。

在提出十个重点时，我们主张，家长要尽量区分理念和方法。就像作为导航工具，地图和指南针的作用不同一样，理念和方法在养育孩子的过程中也有着两个不同的目的。方法的实施必须符合理念的精神。在帮助孩子达到高标准时，我们发现，必须不断强调，要让孩子既尊重规则的精神也尊重规则本身。否则，他们有时遵守了规则，却继续坚持消极的态度，而这是不可取的。因此，十个优先重点提醒我们：家长要是希望获得培养孩子确切而不犯错误的方法，可能会感到失望。读者可能会对这些方法的细微差别感到困惑。最开始的前三个重点就让人困惑：真实比和谐更重要、原则比规则更重要、态度比能力更重要。

我们必须清楚：和谐、规则和能力本身并不是不好的目标。然而，我们更呼吁家长们坚持真实、原则和态度。要首先重视这些重点。无论何时我们解决一个复杂的挑战，都需要别人提醒我们“确认你的重点”。这种对于重点的确定在作为父母的角色中比任何其他时候都更重要。十个重点告诉我们怎样开始，也能引导我们后续的努力。

练习和活动

每一个优先重点都有相应的活动和练习来强化效果。这些活动和练习是为了鼓励讨论和家庭参与。家庭成员可能会选择在重点 8“创造品格文化”所讲的每周家庭例会中开展这些活动和练习。每一项活动和练习，海德学校的学生、家庭和参加过“最艰巨的工作”工作坊的成员都进行过。

日志

每一个优先重点都有相关的日志问题。这些问题采用两种方式：读者每读完一部分就写出答案，或者像重点 8“创造品格文化”中所说的，全家人在每周家庭例会时解答。无论哪一种方式，日志都能让我们对努力实践十个重点有更为清楚的认识，让每一个家庭成员都能够从个人经历中开始对于情感和态度的反思。花时间倾听并坚持生活中的重点，我们将会发现新的方式看待自己、家人、与他人的联系，还有自己的命运。

日志可以融入重点 8 所列出的每周家庭例会中。家庭成员轮流负责，通常是围绕一个具体的主题提出各种问题。然后每个家庭成员写下自己的回答，每个问题通常花三四分钟。接下来，请一人跟全家人分享他的答案。通过分享独特的经历和视角，我们和有类似答案的人就建立了联系。这一过程可能会对个人成长和改变产生创造性的影响。日志是每个人的私人物品，可以作为隐私性的个人历史供日后评说。

一步步的日志程序

下列步骤是日志的推荐程序，每一优先重点部分结尾处都有相关的日志问题。

1. 在家中找一个地方或创造一种环境，可以安静深入地思考。
2. 用清晰的语调读出问题，每个问题读两遍。

3. 每个问题给两到三分钟写出答案。

4. 参加会议的每个人都要有日志。希望每一个参加者都能严肃对待会议。

5. 应该让所有人感到所写答案涉及隐私，只有愿意分享时才分享。

6. 回答阶段，提问者询问是否有人想要分享所写答案。鼓励每一位家庭成员参与讨论。如果没有人愿意分享，耐心一些，有时沉默比敷衍的回答更好。

7. 开始让每一位家庭成员参与回答问题，并引领讨论。

指出问题是一回事，努力解决问题是另一回事。培养教育孩子，让他们实现最好的自己是一项艰巨的工作。多说无益，让我们开始吧！

优先重点1　真实比和谐更重要

真实使你得自由，但一开始会让你觉得痛苦。

——每所海德学校入口处的标语牌

这一优先重点是所有十个重点的基础，揭示了我们作为个人、伙伴、家庭成员的核心信念。坚持以诚实为优先重点是一个人毕生都面临的挑战和旅程。我们怀着勇气相信真实的时候学到了很多。而我们承认自己实际上是以和谐为导向行事的时候也明白了这一点。

苏珊的两个孩子都在海德上学，她讲述了真实比和谐更重要对自己的影响：

> 来海德以前，我丈夫沃特总是发脾气。过去我做的一切就是确保他不会发脾气，所以总是一味退让。我记得儿子非常生气地对我说："妈妈，你太害怕爸爸了。不管家里发生什么，你就会让步支持他。"只要沃特好像要发火了，我就马上退让，不管事情真相到底怎样。我只想让他不要发脾气。儿子告诉我，说我不诚实。我不愿面对家里的冲突，这影响了我们的家庭关系。

苏珊的丈夫沃特则说:

我认为自己是个诚实的人，这对我很重要。当我做了什么不好的事情时，我常常把它们屏蔽掉。我记得有时我和苏珊发生冲突，争吵起来，她会说:“你记不记得什么时候做了这些事?”我会说:“我没做过。”然后我们越吵越厉害，最后我说:“我做了，是吗?”我不想面对自己做过那些事情这个事实。

作为父母，问问自己:“家里什么更重要:真实——诚实地对待彼此，还是和谐——保持彼此表面的友好?”请记住，问题不是两者哪个应该更重要，而是哪一个实际上更被看重。这很难。许多家长认为自己最重视真实，最后却发现他们艰难扮演的是家庭“和事佬”的角色。不管我们是用诚实、正直还是良知来表达，本章强调的即是把真实作为优先重点的重要性。我们敦促所有家庭把真实作为一切事情的抛锚之地。

读者也许会问，怎样才能得到真实呢?我们不确定有人曾经真的“得到”过它。本章中你将听到许多家长的故事，在有勇气聆听然后表达我们灵魂深处无声的信息时，我们就离真实近了一步。要是觉得自己家里有很多问题，我们需要首先更多地考虑“真实”。我们的经验是，大多数人都喜欢诚实。然而，多种价值观导致了对于应该优先考虑何者的困惑。一种常见的价值观就是我们所说的“和谐”。对于和谐的偏重常常来源于我们在原生家庭的经历。

一位做医生的父亲讲述了他的原生家庭与真相发生冲突的一件事:

当我开始回顾自己的生活时，我意识到的第一件事就是，我的家庭从来不谈论失败。虽然我可以告诉孩子我大学一年级因为考试不及格而被退学此类的事情，但我想这还不够，为什么自己不能承认失败呢？为什么真相不能成为一切的中心呢？然后我想到了我的父亲。他是一个教练，只谈赢不谈输。我成长在一个充满爱的家庭，不过当我真正开始开诚布公地谈论我的父母时，我意识到他们是不诚实的。父亲成长于俄克拉荷马州的一个农场，家里有8个孩子。父亲一只眼睛看不见。小时候，他总告诉我他的眼睛是踢球受伤的。可最后我知道的却是他在农场和我爷爷打架，爷爷把他的眼睛弄伤的。这才是为什么他一只眼看不见的原因。

我的父母现在都过世了，我再也没有机会和他们说说家里的情况。大多数时候，我和他们所说的，就是你好我好大家好。在海德，我学到了这样一个道理："苹果不会落在离树很远的地方。"从此，我也开始为自己的孩子树立榜样。我的意思是什么错也不犯。这其实又回到了我小时候。事实是，我生长在一个诚实的家庭，但我们还是会回避某些真相。我真希望有机会在父母去世前就意识到这一点，能够像这样坐下来和他们聊聊。现在和我自己的孩子我可以做到这一点。

一位海德的老师，也是母亲，谈到她小时候不相信和谐，而这又怎样影响了她以后的生活：

在一个酗酒的家庭成长，我不断得到的信息是一切都还不错。我们看到和经历的并不和谐，但父母就是这么告诉我们的。我知道我一直不相信直觉。我总是不断过滤信息，因为我被告知的事情和我所经历的完全不吻合。

后来再大一点，为了逃避消极结果，我不再告诉父母事实，这让事情看起来更好也更容易。我一直这样伪装自己，看上去像是个有责任感的人。甚至后来结了婚，我也坚持这样的想法，认为一切都会好起来的。最终，我为了儿子的缘故选择了真实。我不尊重自己的婚姻。有些事实是我们双方都需要面对的。我一直抵制着离婚的念头，因为想为儿子维系一个完整的家庭。我意识到我儿子尼克可能会看穿这一点，我将会成为一个错误的榜样，过着虚假的生活。

在“最艰巨的工作”工作坊中，我们对家长说：“像对别人的孩子那样对待你的孩子吧。”毕竟，我们都觉得自己的孩子独一无二，与众不同，我们对他们的肯定常常淹没了他们的真实行为。印度第一位女总理英迪拉·甘地说：“世界不是你的母亲。”我们应该记住，作为父母我们的主要责任之一是教会孩子他们最终要为生命负责，不是为我们父母负责。“真实比和谐更重要”能够帮助我们很快看一看：“我是不是说出了所有事实？……为什么没有说出全部事实？……我真的愿意看到并听到关于自己和家人的事实吗？”

回顾童年，我们不记得父母对我们的关心像我们现在对孩子这样多。从我们职业生涯的经历来观察，今天的父母似乎更喜欢讲沟通与融洽，甚至到了以牺牲事实和纪律为代价的地步。一种解释是说时下父母双方都要工作。今天，父母的行为好像是说：“我知道我工作太忙了。现在需要多补偿孩子们一些真正高质量的时间。”如果在父母的动力中内疚超过了事实，这种办法就可能成为问题。当纪律被搁置在一边时，父母就无法有效地管理孩子。

我们小时候，会从楼梯上悄悄地看大人们聚会。幸运的话，大人还会允许我们穿上外套，帮点小忙，然后再把我们送回楼上自己的房间。晚餐时，大人有时会让我们介绍自己。（“一定要看着别人，握手要有力。”马尔科姆的妈妈这么告诉他。）今天的父母则倾向于带着孩子参加社交活动，有时甚至让孩子成为舞台的中心，尽管孩子们只是做做样子。这时，我们对于和谐的关注就会妨碍我们看到关于孩子的真实情况。让我们把这叫作孩子培养的真相时刻。这种时候，我们需要把各种关系置于一边，尽可能做我们认为正确的事情。这样的情况在所有的家庭每天都在发生。劳拉写下了发生在我们大女儿身上的一件事：

> 马哈丽亚的态度不太好，但她自己觉得没什么。事实上，家里其他人都无法忍受她对妹妹的态度和她说话时不尊重的语气。都是一些细枝末节的事情，例如不做家务，还对帮我们看孩子的人说谎。
>
> 她计划着和妹妹还有朋友参加一个艺术表演活动，全家人也都跟着去。我记得自己坐在客厅（我们家的安静区域，只进行音乐、阅读、谈话这些活动），想着该怎么办。我想着全家都特别期待那个独特的夜晚。我的直觉告诉我正确的做法是让她待在家里，但我又不停地想逃避那个事实。

出于“事实”，劳拉考虑了以下各种因素：

- 她的行为是她越来越消极的态度和不良举止的发展。
- 这个孩子需要知道为自己的行为负责。
- 她似乎对自己的行为并不在意。

- 其实我们对于她的行为比她自己更纠结。
- 我们“直觉”上感到让她待在家是对的。

出于“和谐”的考虑有:

- 看演出会丰富她的经历。
- 朋友们和她已经约好了。
- 也许还有别的方式也能让她知道纪律责任感。
- 她要是在家，我们就不能一家人都去。（就是说，我们中得有人和她一起留下来。）

想来想去，我最终决定她需要待在家里，完成她没完成的家务。想到告诉她会有的后果，我真有些紧张，可是知道这样做是对的，我又感到一种平静。我告诉她的时候，她在家里又哭又气，直跺脚。但是，这种反应持续得并不像我想的那么久。大家都离开家去参加演出以后，她倒平静下来，开始完成她的家务。奇怪的是，她看上去如释重负。那天晚上稍后的时间，我们甚至还就她的态度进行了一次友好交谈。

听上去似曾相识吧？我们大多数人都在日常和孩子的互动中体会过这种“和谐比真实更重要”的紧张。努力“了解事实”可能是第一步，接下来是说出事实的勇气。

这次事情是不是对我们女儿的一生都产生了重要影响呢？我们也许永远不会知道。不过它的确让我们知道了作为父母在任何情况下都要依照事实做事的重要性。它也表明，我们花了时间来真正解决这些问题。我们女儿这样的例子可能不多见，不过真实比和谐更重要在有关滥用毒品、愤怒、家庭谎言等问题上都很重要。（下一章，劳拉会介绍她的“家庭救生筏”案例，表明有多少家庭都面临这样的问题。）有时父母不面对现实，为了维持家里的和气而“顺其自然”。这不但妨碍了家庭接近真相，也产生了更为严重的问题。因为这样做就给孩子们传递了一个错误信息，即严重的家庭问题都会被视而不见。无论我们怎样说我们坚持真实，孩子们都会学着像家里人一样不诚实，即使他们不清楚具体情况。

另一位父亲讲述了他的原生家庭存在的谎言：

> 想到“真实比和谐更重要”，就让我想起我的家人：我父亲和所有的叔叔都酗酒。他从不承认家里有酗酒问题。我的父母总是表现出一切都很完美的样子，但这最终被证明是不诚实的。不幸的是，我学会了这些，很多次都把和谐置于真实之上，这影响了我自己的家庭。即便我发现我的员工需要及时提醒，我似乎也做不到。说真话对于我仍然是一件困难的事情。

首先，我们必须要知道事实真相。而为了知道事实，我们需要表现得谦卑一些，毕竟我们是有求于人。这样问家人和朋友还是需要勇气的：“我想知道你真正的想法和感觉，特别是关于我孩子的优点和缺点。告诉我吧。我可能不总是表现得很想听，但我真的想知道，也需要知道。”只有我们真的让别人告诉我们，他们才会说实话，否则只会给我们一些打了折扣的应付。（把真正的想法留下来和其他人说三道四！）事实不会给我们具体的答案，但它会为我们指明一条道路，引领我们成为好家长和好人。只要我们待在事实的路上，正确的方向就会越来越清晰。

在我们的职业生涯中，我们可以运用一系列清晰的技能和方法，但当涉及家庭时，情况就迥然不同。抚养孩子需要一套更好的导航工具。它涉及认真了解和提升自我的过程，也涉及向最爱的人展露我们自己所需的谦卑和勇气。约翰是一位三个孩子都毕业于海德的父亲，他讲述了自己对家人展现真实自我的过程:

当我思考“真实比和谐更重要”这个问题时，想到了自己对于孩子们的不诚实，特别是在他们的小时候。我那时和他们在一起，对待他们的方式就是伪装自己，把自己打扮成一种总是能做好一切、从来不会遭遇重大失败的形象。当然，我从不失败是因为我很谨慎小心，也很聪明。我一回家就变成了一个完人。我想我说了那么多，就是想告诉他们，“你们应该像我这个伪装的形象。”当孩子们搞糟事情，或者很多事情都进行得不顺利时，我就会表现出这种高大全的形象。就算没有直接说出来，我也在暗示这一点。

最后，我们的大儿子亨利，也是我们第一个上海德的孩子，真的试着表现得像这个伪装的形象一样。当然，他无法（没有人能）做到这一点，他没办法在自己人生的那个阶段持续保持这种不诚实。最后他爆发了。但是，我还是不理解。后来，我们和第二个孩子丽贝卡参加了海德的家庭讨论会。丽贝卡显然正在纠结要不要尝试做她可能失败的事情。她只想把一切事情都做对。她想当第一，想拔尖。一位母亲家长对我说:“你知道吗，你的女儿真的害怕失败。听你说，好像她觉得你从来没有过任何失败。也许你需要想想这一点。”

到了我们互相写信的时候，我给丽贝卡写了一封信，信中谈到我曾经的一个病人——一个年轻女人，生了很重的病。我们选择了一种治疗方案但治疗效果并不好，最后那个女人死了。那是一次彻底的失败。我想，就在写信之前，我还是像以往一样想让这件事合理化——这是一件糟糕的事，但许多事情都是这样的——不过当我给丽贝卡写信的时候，我第一次完全诚实地说出了自己是如何失败的，我如何害怕做一些没有把握的事情，我事后又怎么意识到如果采取某些措施治疗结果可能会不一样。我想让丽贝卡意识到，“如果不能完美，却装作完美”这种方法让我的生活充满了伪装。有趣的是，在我看来这么做是一种释放，丽贝卡看起来也更加能够接受失败，更加愿意尝试一些事情，并意识到从失败中也能学到东西。我想对我而言，这件事也把我从一直以来影响家人的不诚实中释放了出来。

说到真实比和谐更重要，“完美”这个词好像总是无声无息就出现在很多讨论中。一位原来是商人的海德父亲分享了他的想法：

很久以前我就学会了：如果不完美，为了上帝也要掩饰它。但我后来意识到，每个人都在伪装完美。一次，我们和海德的一些家长讨论问题，有位家长说个不停。不知道为什么我不喜欢他，不知道该不该相信他的话。我们当时在谈论完美，他突然引用了一句话，我永远都记得：“你知道，把人们聚在一起的不是完美，而是不完美。”这句话真让我受益无限。

另一位父亲，一位成功的律师，讲述了他对儿子说真话的经历：

对于自己言行不一的做法，像是说谎、把和谐看得比真实还重要，我有充分的理由，因为不和谐是我所不能容忍的。当我查看自己的内心时，我感觉很差，因为与我外在的表现反差太大。如果你只看我的工作，听我说话，看我的行为，你会觉得这个家伙什么都好。当然，人们也不那么喜欢我，因为我很傲慢很自我。

我永远也忘不了自己开始走向言行一致的时刻。第一步就是诚实面对过去说谎的事实。其中一个谎言就是拿儿子成年礼的钱去还债。这也是我对自己诚实的转折点——“有些事你需要说出去”——然后才是和儿子分享。这开启了我们之间一种全新的关系。儿子说：“爸爸，你当时要做的就是问我。我一定会给你的。”我永远也忘不了这些话。

另一位父亲分享了他从在儿子面前掩盖事实中学到的东西：

大儿子小时候，有两次我为了家庭和谐没有说出事实，当时我因为工作不到位，最后被开除了。不过，回家时我还是吹着欢快的口哨。一切都很酷。爸爸想换工作了——更好的机会，更好的这个、那个。然后生活继续。多年后，我意识到自己是不想让他们担心。后来和儿子聊天，我知道在他心目中，我的形象就是永远成功从不失败。然而，不管表面上我的目标多么崇高，我真的不想承认我失败了，我很害怕。这样做的时候，我就是把自己生活的一部分向他隐藏起来，剥夺了一段他需要知道的真实生活经历，因为我把家庭和谐置于事实之上。

苹果不会落在离树很远的地方

虽然我们每个人都是独一无二的，但常常像照镜子一样，孩子和父母分别会从对方身上看到自己的长处和障碍。当你看到孩子的不当行为时，回过头来看看我们自己很重要。我怎么看待那个问题？发生那种事我怎么处理？这不是放任不管孩子——他们需要知道自己行为的后果，不过如果能看到我们解决自己的问题，他们就会获得最好的成长。劳拉写道：

我们的大女儿7岁左右时，经历了一个撒谎的阶段。不光撒小谎，还故意说是妹妹的错让她受罚。她从我的化妆台上拿走了一枚戒指，说是妹妹拿的。她的行为让我在耐心教导和丧失理智大喊大叫之间来回反复。

一度我问自己："你怎么看待诚实？你有没有需要更加诚实的地方？"当时，我们最小的孩子被诊断患有语言和发育迟缓症。我们都很害怕，密切关注着他。白天我表现得像个勇士，而到了夜里则被恐惧和担忧充满。

许多个晚上，马哈丽亚红着眼睛看着我，问我："妈妈，出什么事了？"我会说自己长久以来学会的妈妈该说的话："没事。妈妈累了。"当时我觉得这样是对的。女儿太小了，不应该让她承担这些。她不需要承受这些。我也知道要是告诉她，我会哭的，这对她有什么好处呢？一天晚上，我发现自己又面临同样的处境。我让她上床睡觉，说："一切都很好。妈妈觉得不太舒服。"她回房后，我知道自己又说了谎。

我和自己定了个协议：要是我进去她还醒着，我就告诉她我的感觉。她醒着。我坐在床边，说："马哈丽亚，妈妈觉得很难过。我很担心哈里森。"当然，我说不下去了，眼泪流了出来。我们静静坐了一会儿。她伸出手，放在我的肩头上，说："哈里森会没事的。"

她准备好了接受更多的事实。我也学到了重要一课，真正相信自己的孩子，向他们寻求帮助。她的说谎不是一夜之间就能改变的，但已经开始好转了。又一次，当我关注自己时，发现家里开始出现了连锁反应，这比哭喊尖叫、操控结果更加有效。

正确的心理架构

开始尝试实行"真实比和谐更重要"这一优先重点的时候，思考两个概念也许是有帮助的：爱 + 真实 = 真爱，以及看重什么。

爱 + 真实 = 真爱

对于真实的深深尊重是本书所讲的所有十个优先重点的核心。不管叫作诚实、正直还是良知，"最艰巨的工作"呼吁家长们把真实置于最重要的地位。真实比和谐更重要可能对一些人来说是对传统的以爱为焦点的背离。虽然爱是养育儿女最基本的条件，但爱也可能会被误解。当然，现在世界上有些地方还缺乏爱。然而，如果你读完本书，很可能会发现你或你的家庭并不缺乏爱。其实，甚至更有可能的是，过度的爱给你的家庭带来了不健康的责任与期望的划分。

在“最艰巨的工作”工作坊中，一位母亲曾问：“你是说我对孩子需要在爱和真实之间做出选择吗？”一段时间可能会是那样。最终，在最健康的家庭关系中，爱和真实是并行的。要是觉得选择爱或真实太难以接受，就想想二者其实是不可分割的吧。爱要求我对孩子和所有家庭成员诚实。而“真实”是“诚实”的根基，那么“真爱”要求我们必须诚实。父母对孩子最深的爱就体现在父母尽力抚养孩子，让他们成为最好的自己，让世界变得更好。这一责任要求我们对孩子、另一半还有我们自己诚实。

看重什么

我们不是说和谐一定是坏事。当然，有时我们可能会有意识地选择和谐而不是事实，以便在某个具体的情况下保持最佳的行动步骤。无论如何，让我们是有意为之，而不是为了否认或逃避事实。鼓起勇气对自己说：“我选择了和谐。”

什么时候选择和谐合适呢？作为老师，我们可能会用学生作业的整洁来鼓励他们。作为家长，女儿在客厅练习单簧管的时候，即使她吹出的声音还不是很准确，我们也要表扬她的进步。对孩子的鼓励和对他们消极的态度不是一回事。我们呼吁家长和老师遵循一个简单的经验法则：“有疑问的时候，要坚持事实。”如果我们有勇气对身边的人坚持诚实，努力帮助别人做最好的自己，长期下去，他们会感谢我们的。在我们的努力之中，如果没有诚实的关系做基础，就无法指望建构起坚强的家庭和学校。

和谐比真实更重要 = 家庭功能失调

“功能失调”这个词最近到处都有人说，以至已经失去了它真正的含义。有一种观点认为，任何一个不能以最好的方式为所有家庭成员的最大利益而运转的家庭都是功能失调的家庭。如果接受这种观点，那我们可能会得出结论：所有家庭都是功能失调的。很显然失调是一个程度问题。而且，任何有着高期望的家庭最终都会遭遇功能失调。（如果不是这样，那么可能是期望还不够高。）当各个家庭努力面对“外部”糟糕的现实世界中的各种挑战和困难时，养育孩子的自然倾向就是创造一个温暖的“内部”人为世界以保护孩子和其他家庭成员。家里的世界可能特别人为化，以至于和孩子最终必须面对的外部现实世界几乎完全不同。我们给那些在门外的世界中很难有效做事情的家庭成员提供的保护可能太多了。这样的家庭如果还不是功能失调的话，也离失调不远了。

彼得·圣吉在《第五项修炼》中讲述了“水煮青蛙”的寓言故事。把青蛙放进沸水中，青蛙肯定会奋力跳出。可是，要是把青蛙放进一锅室温的水中，然后慢慢加热，青蛙就不会有太多的反抗，进而完全麻木，最终会待在锅里直到被烫死。为什么青蛙愿意接受慢慢到来的死亡呢？因为青蛙只能对环境中的剧烈变化做出反应。

一位母亲写道：

儿子最开始自残的时候，我不想让朋友们知道家中发生的事。我想只要隐瞒得住，情况就会好起来，也没有人会知道发生了什么。我说服自己，我是在尽力保护儿子，而事实上我非常不安，觉得自己没有尽到母亲的责任。所以，当我跟朋友们交谈时，说到他们和我家柯克年龄差不多的孩子，我听到的都是他们的孩子如何成功，我家的事我就越来越说不出口。听到他们的孩子多么好，而我的孩子如此糟糕，很让人痛苦。我无法开口编造他做了什么事。我不会说谎，但也不能说出自己的真实处境。于是，我远离社交，自我隔离，以图达到某种和谐。到了一个时刻，我选择了说出事实，不再维持和谐，告诉了人们我的情况。每次我这样做，我的压力就会减轻不少。让我惊讶的是，以前我推开的人们是多么理解我、支持我。

许多家庭的做法都像那只青蛙，特别是在诚实交流的时候。我们一般不是有意识地选择说谎。我们常常困在想象的蜘蛛网中，其中充满情绪的冲突，并且错误地认为好意的谎言会释放我们。比如，孩子的成绩短时间里从优秀降到不及格，家长们很可能会主动做出激烈反应。然而，如果成绩下降发生在两年中，这些家长的反应很可能会更为被动。我们假设，父母第一次表达对于分数下降的担忧时，孩子们会生气地反驳。那么在下一个阶段分数继续下降时，父母可能就会选择保持沉默。最终，父母可能会无意识地降低期望的标准，然后开始说服自己，成绩下降“没有那么糟”或是成绩会好起来的。就这样，这个家庭对于正常情况的理解发生了变化，并且会渐渐感觉不到这种变化。结果就是：家中对于“我们该如何相处”新的理解隐隐出现。虽然这种新的理解从来没有真正说出来过，但它以一种无声的约定形式被理解和接受了。这种对于什么是正常的新理解也几乎总是伴随着期望的降低。孩子成绩继续不断下降，家庭功能越发失调。

海德校友会的家长玛丽讲述了她家里逐渐倒退为和谐比事实更重要

的经过：

我想要做到真实比和谐更重要，但和谐却悄悄成为我养育孩子追求的目标。开始是儿子比尔。比如，校车来家里接他，开始时他会早早出去按时等着。但很快，他会跑回来说："我要上洗手间！"你怎么能让人不上洗手间呢？慢慢地，我意识到他不是想去洗手间，他只是不想坐校车，而是想让我送他去学校。当然，他有把握我会那样做的！或者他会从学校给我打电话说："我忘记作业了。"我没有说"太糟了！"或是"你没坐上校车。走着去吧！"我自己永远做不到那样。我家的功能真的失调了。

比尔越来越大，问题也越来越多。他会对我说："我得7点到学校参加合唱。"开始，可能是真的，但过了一段时间，我发现他不用7点到校。他只是想让我早点带他去学校，然后跑到街对面的朋友家抽大麻。我允许他这样是不对的，我的做法是再清楚不过的把和谐看得比真实要重要：不面对、不说话、不想见不得人的事情。我对那些事很不满，但我却说不出来。

今天，比尔开玩笑地说他妈妈那时是"和谐女王"：

九年级时我的表现越来越糟。一天，我和一个朋友没去上学，我们要搭车去他家。我妈妈那时正好在外面散步，她看到了我们。我们想躲到树后面，但已经来不及了。妈妈知道这样的行为会给我带来麻烦，甚至我会被开除。我也想，这次我是死定了。我们回家等着爸爸回来。我听见妈妈在后屋给学校打电话说："太不幸了，比尔今天不能去上学，他病了。”我想我们从来没有把这件事告诉过父亲。

后来，比尔的问题迫使全家人必须寻求帮助，玛丽鼓起勇气，给了自己一个“真相时刻”：

比尔当时在康复中心住了一段时间，这是他从那里出来第一次回家过夜。他那时15岁。中心要求我们对他进行限制，其中一项是必须时刻有家长和他在一起，或者不能让他离开家长的视线。他睡觉了，我特别留意记住了他把运动鞋放在后门的位置，就像是在鞋周围画上了一条隐形的线。

第二天早上起床后我一看，运动鞋不在我睡觉前看到的地方。我丈夫道格已经去上班了。我还记得自己站在厨房对比尔说:“你昨晚是不是出去了？”“你在说什么？我当然不会了。”我能感觉到自己心跳加速。我告诉自己:“你可以做该做的事，或者明知道他在说谎还信他的话。”我真的有些生气，说:“我知道你昨晚溜了出去！你的鞋……”然后我们说了整件事。他知道被发现了，开始用拳头砸冰箱，我不知道会发生什么。康复中心告诉过我们:“要是他不守规矩，就把他送回来。”我感到自己越来越想说出“我要把你送回去”。我还记得当时问自己:“要说吗？”比尔还在打冰箱，我说:“收拾你的东西。我要把你送回去。”

我想他没想到我真会这么做。我打电话给道格，他回来后我们一起把比尔送了回去。直到今天，比尔还在说那是我第一次跟他对着干。我怕得要死。当时比尔对我说:“妈妈我知道，我可能就是在逼你跟我对着干，但你从来没有。”那是第一次在我儿子的问题上事实战胜了和谐。

玛丽的儿子继续尝试解决他的问题，最终在上大学期间迷途知返。他在运动方面表现出色，毕业时获得了“年度最佳运动员”的称号，然后进入了职业运动队。这一成功源于他从尊重事实中学到的重要一课：面对同伴压力时真实地面对自己。比尔写道：

> 我被选中参加一支澳大利亚的曲棍球队。我最害怕的一件事就是听说那里球队传奇般的喝酒文化。当时我24岁，三年都没喝过酒。大学期间不喝酒是很难的。很多个晚上我都在宿舍打游戏，而其他人都出去聚会。
>
> 我一下飞机，就被接到为我举行的大型聚会，有人把我介绍给球队和他们的家属。当时参加聚会的可能有两百人。突然，有人站起来为我这个“唯一的美国队友”敬酒。他们开始唱传统的敬酒歌。每个人都举起酒杯，看着我，意思是我应该把面前的一大杯啤酒一饮而尽。我很害怕，怕不能融入他们。那一刻我必须有所决定。我没有拿起那杯酒，而是拿起自己的苏打水，在一片“把美国佬送回家”的嘘声和嘲讽声中一饮而尽。但渐渐地我还是赢得了球队的尊重。我也学会了让自己的内心更加坚强，而不必为了别人而伪装自己。那就是诚实。

我们常常在最困难的时候紧抓和谐不放手。这位母亲现在可以笑对自己在儿子出现不良行为时隐瞒事实的做法了，当时她这样做是希望和

真实是我们的首要指导原则。

日常生活我们相处的一个原则是：

怀疑的时候，坚持真实；仍然怀疑的时候，更加坚持诚实。

我们得说，要每个人都把真实作为自己的首要原则并不容易。看看这句话，每一间海德学校进门处的标语牌上都写着："真实会让你得自由，但它首先会让你痛苦。"

许多家庭抱着一个希望到我们这里来，就是所有家庭成员能更好地沟通。就像之前说过的（高质量时间的秘密），这些家长往往都觉得他们需要花更多时间和孩了在一起。我们的建议是先不要过多在意时间，而是更多关注真实，这让他们很感意外。我们的经验表明，越坚持真实，沟通就会越好。（即使开始时家人不愿意互相说话，请相信这只是走向深层关系的暂时阶段。）我们要明白，世界上的所有"高质量时间"都永远不能弥补对真实三心二意的追求带来的损失。而对真实的追求给了家庭长期平静和幸福的保证，不过毫无疑问这个追求也会造成短期的心痛。

很多家庭功能失调通常是因为他们虽然把真实视为首要的原则，却在做事时有意无意把和谐看得比真实更为重要。哈佛研究生教育学院教授李·鲍曼（Lee Bolman）称这种矛盾情形为"说一套"和"做一套"。我们相信，今天的大部分家庭都能通过在选择时更加坚定地坚持真实而获得改善。

一些家庭无法在真实与和谐之间保持平衡，他们自己甚至都不知道这一点。一位母亲写道：

> 别人问我："你儿子想当卡车司机，你觉得怎么样？"
>
> "很好啊。我就想让他成为最好的卡车司机。"
>
> 几个月以后，有人问我："你们家有什么问题吗？"
>
> 我说："诚实是一个主要问题。"
>
> 然后他们又问："你在这个问题中起了什么作用呢？"
>
> 我回答说："谁，我吗？我是个诚实的人。"
>
> 一夜没睡，第二天一早我把儿子拉到一边，说："儿子，我一直没有诚实表达自己的想法。我真的不想让你当卡车司机。"
>
> 那次经历教会了我几件事：
>
> - 我常常不诚实地面对自己的感觉。
> - 诚实是我们全家的问题。
> - 苹果不会落在离树很远的地方。

我们在这里的意图并不是不尊重卡车司机或者其他职业，只是想指出这位母亲意识到了她一直在对儿子重复一些空洞的套话，就像鹦鹉学舌一样，只说那些她觉得自己应该对儿子的未来说的话。这样的附和可能是好意，但并不诚实。

正如我们前面看到的，很多家长都害怕面对孩子的消极态度。（我们记得有一家人，父母每天早上用抛硬币来决定谁完成叫醒强尼去上学这个讨厌的任务！）不过，还有很多父母害怕面对彼此的问题。一位母亲写道：

那是我在海德的第三年。儿子的表现还行，能解决自己的问题。所以，我和丈夫不再过多关注他，而是转而处理我们之间的问题。对婚姻我有很多不满，我害怕得要命。我不开心，我意识到自己的需求并没有在婚姻关系中得到满足。我知道我得告诉丈夫很多事情，而这会引起他的厌恶、愤怒，可能他还会恨我。但我感到自己得实话实说。我跟丈夫说完之后，他也对我来了个实话实说，我们的关系降到了最低点。从那时起，一切就像部队里说的“要么逃跑，要么继续战斗”。从那以后，我觉得我们的婚姻很像不断被拉伸到极限的橡皮筋。现在，我们的婚姻关系更加坦诚，对我而言也更有意义。在所有的关系中都诚实以待现在是我生活中的重要目标。

父母逃避真实的时候，孩子们常常会起来效仿。我们通常都能够发现孩子什么时候是不诚实的。我们对自己的认识并不是完全清晰的，需要努力去辨认，因此我们帮助孩子的欲望可能会导致控制和一知半解，即使我们的本意是好的。这些只会成为另一种不诚实的榜样。诚实在短期内并不总是令人愉快的。但在诚实能发挥它的影响之前，必须时刻保持纯粹而真正的动机。记住一个口号：“永远不要跟孩子开玩笑。”虽然孩子也许不记得我们是不是说过要晚上 9 点或者 10 点回家，他们却永远不会不明白我们对待他们的真正动机。他们几乎总能正确地读懂我们的底线。

我们最喜欢的家庭故事来自于劳拉的妹妹克莱尔，当时她的儿子耶西 6 岁。克莱尔让耶西陪她去处理日常杂事，耶西问：“我们去一下玩具店行吗？”（他当时着迷于忍者神龟。）克莱尔的回答是典型的父母式应付：“行吧。一会儿看情况。”事情办得很顺利。办完了最后一件事，克莱尔准备开车掉头回家，而不是去玩具店。耶西问："妈妈，我们不去玩具店了吗？" 克莱尔说："耶西，我们今天可能没有时间了。"孩子坐在后面一言不发，叉着胳膊，茫然地看着窗外，只是叹气："又骗人。"我们经常讲述这个故事，以提醒自己孩子们总是明白我们不愿承认的东西。当我们在类似的情况下听见自己对孩子说"行吧"时，就会想起这个故事。我们这样说通常是为了不说"不"，以免影响家庭和谐。紧张与和谐的较量永远也不会消失，现在我们会用"不"和"可能不"这样的说法，而不是"行吧"。是的，即使是拒绝一个像去玩具店这样的简单要求，也需要勇气。

当我们能花时间好好想一想的时候，就会发现对于像去玩具店这样简单的请求通常是可以说真话的。事实上，这种最基本的诚实会变成一种习惯。虽然它看上去也许是身为父母的旅程中不起眼的一小步，但我们永远不要忘记，正是平凡的日常生活造就了许许多多伟大的事业。毕竟，它们是我们做出的（或没有做出的）能够对今天产生真正影响的行为。

最重要的事实是我们发现了自我。下面是三位母亲的故事，她们不得不面对自己的问题，即说真话比讲和谐更重要，而不是屈就家里其他人的意思。

我花了很长时间才明白自己在家庭不诚实方面起了不好的作用。我们都是有品行的人，但却偏离航道，这在我们的大儿子小时候被特别显明出来。我总是抱怨丈夫是工作狂，是不尽责的父亲。而当我回头看时，我的不诚实早在孩子们还小我们搬回到老家时就开始了。

和丈夫商量后，我们搬到了西南部。我很喜欢那里的生活，并开始打造我们会永远居留那里的生活方式。可是那里的工作环境不适合汤姆。他真的很想念自己的家人和家乡。我不能理解，感到愤怒和难过。不过，我觉得自己的工作就是要做别人需要我做的事，不仅努力忍受，而且还要乐在其中。因此，两种互相对抗的想法在我心中激烈碰撞:（1）“这件事并没有真的发生”；（2）“做别人需要我做的事我就会开心。然后所有人也肯定会开心”。

我从来不敢真正面对这一点，当然这种情绪会以各种形式的厌恶表现出来。多年来，我和丈夫的关系一直存在着这种不诚实，当然孩子们都能感觉得到。我们没有争吵、大喊大叫、尖叫或其他过激表现。只是这种情绪不诚实的声音不绝如缕，让我多年来内心充满厌恶。

第二位母亲写道:

我生长在气氛融洽的家庭中，我和我母亲不同，但还是尽力想让家里每一个人都觉得舒服，哪怕自己做出牺牲也乐意。我不想说出自己的真实想法。

一次，我意识到儿子不像我想得那么好。他从不考虑别人，只想着自己。我越想让他满意，他越不尊重我，根本上也是不尊重他自己。我不断降低对他的标准和期望。随着他不断开始接触外面的世界，他对我完全没有了尊重。

我意识到需要让自己也负起责任，开始要求他考虑家中其他人的情况。我摆正了自己在家中的位置，开始提出我的一些需求。开始，这让他对我很生气，但后来我们越来越尊重彼此。

第三位母亲说：

> 我们生活在和谐比真实更重要的幻想中，不过和谐只是为了让别人看到，家庭里面其实很混乱。我总想保护我的孩子，不想告诉他们会让他们难过的事，所以我会调控情况，让一切看上去很美。
>
> 当我分享令自己羞愧的事时，我很惊讶地发现他们竟然接受我、尊重我。我学到的功课是，如果我对自己诚实，就能对我真正关心和爱的人诚实。

最后，无论是16岁、42岁、67岁还是81岁，我们都有潜能发现过去的事实和新的事实。这是个始终在进行中的旅程，跟孩子和后辈们分享真相永远不会太迟。追寻真实不是免费的，需要付出代价，不过最终的自由是无价的，会对整个家庭产生持续的影响。从你自己开始吧！

家庭练习和活动

“我是谁？”

材料：画架、大张白纸、马克笔、计时表。

时间：15~30分钟。

说明：本练习在书中第一部分有所说明。在白纸中间画一条竖线。问大家：“在成功文化中我们如何被评价？”在纸的左边写下所有的答案。然后问：“在品格文化中我们如何被评价？”在纸的右边写下答案。然后，让每位家庭成员用一到两分钟（视孩子年龄而定）说说自己，但不要提到写在纸左边的任何事。他们可以说一说：

- 他们小时候是什么样子
- 他们有什么长处
- 他们遇到了什么障碍
- 他们喜欢做什么事
- 他们对于生活有什么梦想或愿望

给每个人计时。练习之后，说说关于做你自己的想法。那和我们的诚实有什么关系？

公众 / 个人练习

材料：大张卷纸、马克笔。

时间：30 分钟。

说明：让每个家庭成员躺在纸上，用马克笔画出自己身体的轮廓。让他们按照他们希望的来装饰身体。（如果没有大纸，就在普通大小的纸上画出身体轮廓。）然后，让家庭成员在身体轮廓线外写下词语，描述各人呈献给世界的公众形象。然后在身体轮廓线内写下自己愿意或不愿意和别人分享的私下的自我形象的词语。（有些词语可能一样。）比如：公众的自我：自信、坚强、有趣、有爱心、生气、关心别人、不感兴趣；私下的自我：不确定、关心别人、心怀厌恶、外向、有信仰。

每个人写完后，把纸挂起来，互相看看写了什么。这是父母和孩子沟通公众自我和私下自我品质差别的好机会。（许多家长都没有和孩子很好地分享自己的挣扎。）

家庭个人练习

材料：日志问题、纸、笔。

时间：45 分钟。

说明：这个活动什么时候进行都可以，在家、度假都可以。看看真实比和谐更重要的有关日志问题，选择几个写下来。（孩子年龄越小，问题少一些会更有效。）让每个家庭成员读出每一个问题，其他人 5~10 分钟写下自己的想法和感觉。然后分享答案。你可能想听每个人对于同一个问题的答案，或者让每一位家庭成员从头至尾完整读出答案。所有人说完后，问问大家有没有什么要评论的。

“7–11”困境

十多年前我们提出了“7–11”困境这个概念，并且把它介绍给众多学生、老师和家长。

首先，事实是：

你去 7-11 连锁店买零食。拿了一瓶可乐和一袋薯片，你去收银台结账。前面还有两个人排队，你看到收银员因为店里的情况有点心神不宁。她好像已经忙了一整天，此时还要盯着店后面的两个年轻人，觉得他们可能想偷一些牛肉干。最前面的顾客正在结账，你前面的这一位却无礼地打断他，问他去当地的购物中心怎么走，店外还有一个顾客生气地挥舞着手中的加油器，因为他加不了油。

然后轮到你了，收银员算账。一共两美元，你给了一张五美元的纸币。收银员还是有点心不在焉，说：“好，两美元。找你八块。下一位。”因为精力不集中，收银员让你这次购物得了便宜。你带着五美元进来，却带着可乐、薯片还有八美元离开。而且，她此时正在收那两个年轻人的钱，终于不用担心他们拿走东西不付账。她完全没有发现多找钱给你。

困境是：

1. 你会怎么做？
2. 你觉得这种情况下会有什么正确的做法吗？
3. 为什么有？或为什么没有？
4. 你对问题 1 的和对问题 2 的回答互相一致吗？

7–11 困境分析：这些年来我们得到的答案可以分为几类，这和哈佛大学教授劳伦斯·科尔伯格（Lawrence Kohlberg）在《道德的发展水平》（*Levels of Moral Development*）一书中的方法异曲同工。以下是最常见的按照道德品质的程度分类后的答案：

1. “我会留下钱。”

这样回答的学生觉得自己的决定是合理的，因为这是对他们过去买高价东西的安慰。（也就是说，“这样就扯平了。”）其他一些人觉得商店付收银员工资让他们正确收费，他们认为收银员多找钱不是顾客的责任。还有少数人声称在一个“狗咬狗”的世界他也只能这么做。

那些决定把钱还回去的人他们的理由也各不相同，反映的是不同的品格水平：

2. “我会把钱还回去，因为……也许我还没走出停车场收银员就意识到了自己的错误，如果我不还回去，下次我再去商店她就会觉得我是个卑劣的家伙，会骂我。”

这种回答属于“答案正确，理由错误”。下一个回答虽然道德水准更高，却也有着同样的问题：

3. “我在商店工作过，知道收银员得自己补上这五块钱。”

这个回答比第二个更积极，不过还是道德不清晰。我问：“要是收银员不会因为少收钱而受罚，你会留下钱，感觉良好吗？”那个学生就觉得不好确定，看得出来，她的内心有冲突。

4. “我父母最看重诚实，绝对不会容忍这种欺骗行为。”

这个回答比 3 好。不过，这个答案表明他有些害怕，他害怕留下钱被家长发现会带来的后果。这种害怕和他的良知在斗争。这个回答比 3 更有道德感，不过也引起了新的疑问，害怕毕竟不能替代良心。

5. “不知道为什么。我就是会把钱还回去。”

这个回答很动听。问他为什么，学生常常无法解释，因为对他来说，这种还钱的反应是一种习惯。这表明父母或学校对孩子的一些伟大教育已经在发挥作用。

后续：每个家庭成员回答完以后，开始讨论真实和个人正直。回到“你觉得这种情况下会有什么正确的做法吗？”这个问题。有些家人会回答“没有”，这可能反映了社会中有些人对于对错的主观判断是建立在他所理解的别人眼中的对错的基础上。我们希望每一个人最终都能一步步培养起比第 5 个答案还高的品质。毕竟，对于任何已经接受了“真实是我首要的指导原则”的个人来说，这个问题的答案是相当明显的。

日志问题

1. 我成长过程中人们怎样看待“真实”这个概念？
2. 我小时候怎样理解“真实”？
3. 描述一节我学习真实的重要功课。
4. 今天我们对家人有多诚实？
5. 什么妨碍了彼此之间的完全坦诚？
6. 要是我有重大健康问题，我会告诉孩子还是隐瞒不说？为什么？
7. 我倾向于区分大的不诚实和“小的善意谎言”吗？
8. 我感到自己孩子的诚实和正直处在一个什么水平？
9. 我要采取一个什么具体行为来提高个人的诚实水平？
10. 在我们家怎样才能更诚实？
11. 我的诚实在哪儿激励了我？
12. 家人的诚实在哪儿激励了我？
13. 我在家中倾向于坚持真实还是谋求和谐？说说为什么。

优先重点 2　原则比规则更重要

规则就像给汽车装上新轮胎，而原则则是校准新轮胎的方向，让汽车可以驶向远方。

虽然现在大家都想着怎么教育孩子，可是关注的焦点常常放在让孩子们做应该做的事，以及保护他们的安全，不受外界伤害上。这是可以理解的。尽管我们的孩子要面对各种各样严重的问题，比如吸毒、酗酒、厌食、怀孕、暴力、自杀，我们还是需要抵制这样一种诱惑，即应该先从外部开始解决这些问题。外部的影响的确是必要的，不过，我们却无法控制它的时间表。作为父母，我们能够致力于自己个人的成长。我们需要培养孩子为生活中更高的目标做好准备。我们需要为他们注入一种原则感。我们需要激励他们为最高的理想献身生活。

当我们去全国各地和父母、祖父母交流时，通常都会听到有人抱怨说："这些想法简直平淡无奇。见鬼，你们不过是在重复我的父母想要教给我的那些东西。"没错。如果这些想法这么小儿科，那我们为什么不讲"原则"，而是很快跳到解决眼下的问题呢？这是因为关注原则并不是一件轻而易举的事。它要求我们不但在自己身上也要在家人身上实行这些原则。它要求我们把自己的说教变成行动。

这一优先重点将帮助你找到把原则置于第一位的方法。一旦原则的根基立定，整个家庭自然会开始参与实行这些家庭原则。第一步，必须诚实地看待自己。如果你像我们一样，那么一旦生活偏离航道，只要两秒钟你就会忘记崇高的原则，转而想要控制家人。通常，情况糟糕时，我们的反应会是喊出另一个规则："好，从现在起，房间里不准再吃东西。大家明白吗？"尽管我们跺着脚，可也许内心深处知道，作为一个家庭，把焦点完全放在规则上不能带我们去想去的地方。更糟的是，这样做可能会让我们越来越轻忽个体的重要性，就是每个人在家庭中都负有找到解决问题办法的责任。规则并非不重要，但它的重要性是有限的，规则就像给汽车装上新轮胎，而原则则是校准新轮胎的方向，让汽车可以驶向远方。

首先，我们需要有勇气面对家里的真实情况。忘掉"应该怎么样"，而是承认情况"实际上是怎么样"。诚实中自有一种力量。从这个基本问题开始："什么处在我们家的中心位置？"在思考有关这一问题的练习前，想一想家中典型的日常生活场景，就像劳拉所看到的：

> 应该是在半夜。我听到了一个小身体倒在我们床上的声音，我叫了一声。看看表，再"睡"13 分钟我就得起床了，和朋友们在寒冷的二月天里进行每天的步行活动。从我早上 6 点 10 分下地，到两个小时后的 8 点 10 分最后一个孩子出门，家里一刻都没有消停过：
>
> - 午饭要准备。

- 各式的早餐（有些不知道有没有营养价值）要上齐。
- 乱丢的鞋子要找到。
- 乱糟糟的头发要梳好。
- 牙齿要检查。
- 争吵要平息。
- 请假条要重写，等等。

然后我再花几分钟把自己收拾好，然后出门去上班。

到了下午4点，一天中的又一轮忙碌接踵而至。迎接放学的孩子们，开车去足球训练场，耐心听孩子们讲课堂项目（很多时候特别困难），让小的保持清醒，这样他晚上的课程就不至于泡汤。按照我的计划，孩子们大概在8点上床睡觉，然后我有90分钟自己的时间。如果我竟然忙里偷闲打了个盹（父母就像鲨鱼一样，我们都需要在运动中生存），这个错误可能导致全家一片混乱。很多个晚上我实在困得起不来，孩子们到了9点20分还在跑来跑去，就像彼得·潘里的小海盗一样兴高采烈。

你可能从劳拉的描述中看到了自己的影子，在每一天的忙碌中，你也可能经历的是你家独有的混乱。停下来都很难，更别提问这个问题："什么处在我们家的中心位置？"不过，这是我们开始的地方。我们问了父母和孩子这个问题很多年，显然不同家庭有三个基本的选择。看看你是哪一个。

什么处在我们家的中心位置?

看看下面这三个圈:

选择最适合你的一个选项。

1. 个人:大多数情况是,家庭围着一个人的态度和行动转。如果这个人一天过得好,那么大家都会过得好。同样,要是他偏离了航道,大家都会受到影响。这个人会变来变去,不过他影响的效果基本相同。通常,在这种情况下,其他人(往往是父母)会担心这个人,比他自己还要担心。

2. 原则:很多情况是,我们确定了一套清晰的原则,家庭成员都认为这些原则神圣不能冒犯,我们也把它们作为家庭方向的道德指南针。我们相信这套原则,我们一起分享这份共识。我们常常谈论这些原则,它们对我们有着真实的含义。它们不只是写在墙上冷冰冰的话语,也是家庭中活生生的推动力量。

3. ? ? ? :如果我们能够真诚面对自己的内心,很多时候会发现我们不能确定处在家庭中心位置的到底是什么。妈妈这样想,爸爸那样想,但我们不能确定每个人都理解和认可的家庭核心原则。

想想这三个选项，然后决定你的家庭选择哪一个。不要想得太多，凭直觉就行。不要担心你们家应该怎么选。不管怎么说，在“最艰巨的工作”工作坊中，当我们问这个问题时，只有很少的父母选择“原则”，一些父母选择了“个人”，而大多数父母选择了“？？？”。就像劳拉所说：“无论你选择了哪一项，三个选项你都会花时间，而第二项则是你持续不断的追求目标。但需要一直记得的是，只有诚实会让你前行。”现在想想你的答案。觉得怎么样？现在，我们来对三种可能的回答稍作分析：

如果你选择了 1：个人

如果你选了这个选项，谁是那个中心人物？是指挥整个家庭的强势母亲？是工作狂父亲，一发怒就让所有人胆战心惊？还是孩子，他的态度和行为影响整个家庭？可能不同时候是不同的人。我们用木筏练习来说明以个人为中心的影响。

木筏练习

让一个人站在地毯上或是房间的某个部分。让他想象自己乘坐的这条木筏漂流在外海上。木筏没有龙骨，非常不稳。告诉他：“在这个木筏上你可以去任何地方，做任何事。”等待 10~15 秒，然后让另一个人站上去。对这个人说：“你需要做一件事，使木筏保持平衡。不能和对方说话。”过 10~15 秒再看看情况。现在，让第三个人站上去，重复一下前两个人的任务。第一个人全权负责，他可以去任何地方，做任何想做的事。第二个人必须保持木筏平衡。第三个人必须协助维持木筏平衡。给他们 15 秒左右的时间，再加入第四个人。告诉这个人：“在木筏上，你自己决定你感觉需要做的事。”再过 15 秒。然后坐下来，讨论一下刚才

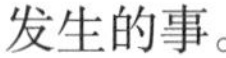

发生的事。

每一个团队都会给这个练习增加新的东西，不过通常还是会有一些共同的主题。通常，因为木筏上只有自己一个人，第一个人做不了多少事。第二个人（木筏主要平衡者）加入后，情况发生了变化。这个人主要的事情是保持木筏平衡，因而他很少会看看“木筏要驶向何方”。第三个人（辅助木筏平衡者）通常也帮不了什么。虽然他们都围绕着这个“全权”的人协同行动，但他们并没有真的在协作，甚至在连看一眼都不会的情况下就干扰别人。第四个人可以充当很多角色。他可以找一个安静的角落躲起来，也可以加入到干扰之中，甚至也可以帮助平衡木筏。即使平衡木筏是最初的目的，在这样的情况下，木筏倾覆只是迟早的事。

要是你让一个孩子站在木筏的中心，那坚持原则比规则更重要就几乎不太可能。每个人都在担心孩子会怎样，而孩子可能会无所顾忌做他想做的任何事。经常，父母在晚上醒着，担心孩子，而孩子在自己的房间里呼呼大睡。这里我们说的不是家长对于孩子应该有的担心，而是说那种让孩子成为家庭中心只会加剧恶性循环的长期过度的关注。

如果在家庭中心位置的那个人不是孩子，结果也会对家庭产生负面影响，你也必须采取真正的行动解决这种处境。一些问题可以在优先重点 8“创造品格文化”的家庭讨论会上解决。如果这些问题本质非常恶劣（强奸、酗酒、吸毒），那么鼓起勇气寻求专业帮助吧。像前一部分所说的，所有的成长都开始于追寻和面对家庭真相的勇气。有一节非常重要的了解真相的功课，归纳在一句非常流行的海德的口号中：一旦我们“了解”了真相，就不能“不认识”它。

如果你选择了 2：原则

显然，这是我们想努力达到的目标。设定原则是一回事，真正实行它们又是另一回事。不管我们多么相信这些原则，也很容易在日复一日的实践中偏离航道。我们努力想要待在原则强制的航道上，这就像一艘帆船逆风而行，力图到达目的地一样，中间总会有波折。一旦原则建立起来，真正的工作其实才刚刚开始。规则并不是不重要，可是过多关注规则就会将家长困在其间。如果一味坚持遵守规则，你也仅仅是做到了遵守规则而已。

对于想通过日常生活教给孩子更为深刻的生活经验的家长来说，原则是有力的工具。比如，假定你把焦点放在基本的规则上：晚上不许出门，一周在家吃两次晚饭，做完作业才能看电视，等等。我们相信孩子可能会遵守这些规则，但他们的态度或许就不那么让人能够接受。这种情况会让你感到困惑，一方面孩子遵守了规则，另一方面还是表现出“那又怎样”的态度。这时的孩子只是遵守了字面上的规则，而没有遵循它的精神。然而，当你把重点放在核心原则上时，你就不会受限于规则了。真实、关心别人、做到最好、勇气这些原则会为你的家庭提供支持。这样，有时我们就需要对家庭成员面对真实的态度提出挑战：“是的，你表面上做到了，可是没有真的这样想。你不关心别人，没有热情，这不能接受。我们需要停下来解决这个问题。”

同样，原则在实际生活中也可以应用，有时甚至是在家庭冲突最严重的时刻。下面是一则个人故事，其中展现了劳拉在青少年时就学到的最重要的一个教训：

我们家最重要的两个原则是诚实和责任。我的亲生父亲去世后，在我 8 岁时，继父来到我们家。严格的纪律也随着他来到，加上我们把家从南部搬到了新英格兰，这让我的生活显得动荡不安。很长时间，我和继父之间保持着一种“工作关系”。他的工作是把我培养成有责任的人，而他对原则的坚持在我看来很是可笑。

我高中二年级的夏天取得了驾照。继父一整天都和我在一起，教我怎么换挡。和他坐在野营的大众甲壳虫车里，听他不停地指挥让我很不开心。那天快结束的时候，他说我有进步，不过还需要更多的练习。

过了几天，我父母要出门一晚上，他们计划让我们自己在家过夜。临出门前，继父提醒我还不能自己开车出去。我同意了，也想着那样做。他们离开后，几个朋友来找我，他们怂恿我开车去海滩。因为不想被他们看扁，我就同意了。我很快发动了引擎，跌跌撞撞把继父的车开上了大街。开着开着，我们上了一条单行道，我想要在这里转个弯，结果碰到了一辆停在路边的车。同伴有人喊：“快开走！”我想也没想就开走了。我们把车开回了家。当然，有人看到我，把车牌号报到了警察局，很快我的继父就被传唤了。真糟糕！

我们一起开车去了警察局，不是所有的细节我都记得，不过有一些至今仍历历在目。父母没有和我一起进警察局。他们在大厅等着，明显是在说我自己需要面对这一切。后来，我们开车回家，他们说了一些话，大意是“我们为你的诚实感到光荣”。那些话深深地刺激了我，因为我知道他们很生气，对我的行为很失望。（这就是一个在困难时应用原则的例子。）

后来在家里，继父递给我一本黄页电话号码本，告诉我："你需要请个律师。"我给律师打电话，约了时间，然后在整个夏天余下的时间都在处理这件事。暑假结束时，在支付了律师费、交通罚款还有其他费用之后，我的银行账户只剩下了不到20美元。但最重要的是，本来父母可以帮我处理而我撒手不管的"麻烦"变成了教训烙在我心里，因为他们要求我对自己的行为负责。要是只有我一个人，我绝不会开车出去。为了在一群现在都想不起来名字的人面前表现得酷一些，这样浅薄的欲望激发了我冒失的行动。我在高中时存在的大问题是不明白什么是真正的自信，而这件事告诉我为了被别人接受我就会轻易妥协。这不值得。

劳拉的父母可能有很多事情都处理得不到位，但这件事是他们作为父母处理得最好的一件事（他们那时候是海德的家长）。他们退到后面，让劳拉自己负责。虽然他们也可能担心这次经历会给劳拉留下永久的不良法律记录，但他们并没有躲在幕后偷偷操纵整件事。他们没有联络律师，整个过程都待在后面。对于劳拉来说，这件开始很糟糕的事情转而增强了她的自信：她意识到不值得为了保持形象去做一件糟糕的事，她非常自豪自己处理事情的方式。

让孩子尽可能解决自己的问题给了他们学习重要教训的机会。把原则置于中心不断提醒我们，所有时刻都可以成为学习的机会，无论是日常生活的小事，还是孩子可能会陷入的大麻烦。

如果你选了3：？？？

要是这个选择是你家里的真实情况，那就鼓起勇气面对吧。你有勇气承认没有发生什么，那是弄明白需要改变什么的第一步。经常性地，只要不发生大的麻烦，我们就选择浑浑噩噩地生活。我们让家庭避免发生不好的事，而不是关注并追求最好的表现，就像是温水煮青蛙。停下一切，采取步骤走向原则吧。这些不可能在一夜之间实现，但朝那个方向迈出的每一步都会对我们的家庭命运产生影响。

家庭木筏的形象如此生动，我们经常用它来调侃家庭功能失调的时刻："木筏要沉了！"一个人喊道，提醒我们需要重新聚焦。如果不是首先清点在成长过程中有意或无意教给我们的原则，我们就很难建立自己的原则。我们如何被养大在我们的人生旅途中至关重要。了解父母还有自己儿时的"诚实时刻"很重要，能够让我们和自己天生的育儿本能联系起来。劳拉写道：

> 继父让我知道了工作的整体概念。工作不只是工作完了就算结束，工作还包括事后的检查。在我们家，任何工作只有经过他的检查才算完成。事实上，我们家厨房的后门上贴满了工作任务和值班表。很多次我都想让那扇门开着，这样我的朋友们就不会看到我的继父有多么严厉。我和继父斗争了好几年，可是情况渐渐发生了一些变化。
>
> 今天，我很感谢继父灌输给我的那些教训。我也接受了还有些东西即使是父母也不能给我。我原谅了他们因为自己的问题而不能按照天性中好的方面行事。然而，今天我更强烈的感觉是对于他们的感激，他们把我培养成一个有较高道德标准的人，并给了我原则比其他一切都重要的信念。我希望自己对孩子也能如此。

怎样开始把原则置于家庭的中心?

首先，开一次家庭会议，讨论一下重要的理想和原则（参看优先重点 8“创造品格文化”）。对我们来说什么是重要的？我们坚守的是什么？你可以先从一两个原则开始。从清晰明确的事情开始这一点很重要。你可能会发现如果你们这么谈论，最重要的原则就会慢慢浮现出来。给每一个家庭成员发言的机会。不过记住，作为家长一开始你们可能需要带头发言。把你的原则写在纸上，放在醒目的地方。把它们做成卡片贴在浴室的镜子角上是一个很好的做法。你可能还会设计一些家庭口号支持自己的原则。让每个人选一个，然后展示给全家人。在我们“最艰巨的工作”父母工作坊中有这样一些例子：

- “带着荣誉回家”
- “努力比成功更重要”
- “带着信念开始”
- “直面挫折，从中学习”
- “带着信仰前行”
- “更多给予，更少索取”
- “比之前更好”
- “了解自己才能做自己”
- “没有‘不能’这个词”
- “唯一的失败是不去尝试”
- “凡事节制”
- “我们总是犯错，我们从不放弃”

一句流行的海德名言说："如果你不能定义目标，就不能获得它。"如果我们对于希望尊重的原则不清楚，就不能过上以原则为中心的生活。原则要表述得尽可能清晰。就像前文所说的，所有的海德学生和老师每学年开始时都要签宗旨声明。声明的中心就是五个短语和五个原则。签声明的行为提升了所有人投入的程度。签了声明之后，学生们在无形中就时刻受到提醒。比如，每座海德学校的大礼堂都挂着两幅有 20 英尺高的横幅，一面墙上的横幅是五个短语，另一面墙上的是五个原则：

五个短语

好奇： 我为自己的学习负责。

勇气： 我通过面对挑战和接受冒险最多地了解自己。

关怀： 我需要一个挑战我、支持我的团体来培养品格。

领导力： 我是一个要求自己和他人做到最好的领导者。

正直： 我天生有一种独特的潜能，良知引领我发现它。

五个原则

命运： 我们每个人都有一种与生俱来的独特潜能。

谦卑： 我们相信 种超越自身的力量和目标。

良知： 我们通过品格和良知实现最好的自己。

真实： 真实是我们的首要指导原则。

兄弟情谊： 我们帮助他人做到他们的最好。

布置横幅就是为了让团体在出现问题的时候能够考虑并应用这些短语和原则，在任何一次学校的集会上也可以讨论它们。

最近，一位海德家长观察说："我知道了。你们主要是在用品格来征服这些孩子。"从很多方面来说是这样的。我们明确要求学生按照品格的要求去做，哪怕犯错也在所不惜。我们建议家长选择一些原则坚守到底，而不是对列出的诸多原则灵活运用。

一旦家庭原则确定，就想一想生活中的哪些方面需要努力遵守这些原则。为了让这些原则真的对孩子们有意义，它们必须反映在我们自己的日常行为中。这一点在前面“场所与环境”在品格培养中的作用部分已经提到过。我们还是要强调，我们的日常行为比我们说的话更能表明我们追求的是什么。

一位母亲写道：

> 我们家的情况开始有点不受控制了，所以我们制定了规则——不能这样做。然后又有问题出现，我们又会在这个规则之上另制定一条规则，直到最后凡事都有规则。规则之下没有原则做基础，就像泊船没有锚一样。没有锚却想让船停稳，显然只能劳而无功。

她丈夫说了说家里现在的情况：

> 我是一位数学老师。学生们学习三角时，需要学习许多等式。我自己从来都没有记住过那些三角等式。我告诉学生有三个最基本的等式，其他的都能从中推导出来。
>
> 在我看来，原则对于规则而言就是如此。有一些最基本的东西——要常常回到那里，问问自己：“如果我们从这里开始，我们要去哪儿？”现在我们家就是这样。

他还讲了最近的一个例子：

我送女儿回学校。我们在规定时间的前一天晚上到了那里。很自然，她想去找朋友。我告诉她，自己真的想早点上床休息，因为第二天我还要开车走很长的路，然后我还告诉她希望她回来的时间。她说："爸爸，这对我真的很重要。"我说："好的，我听你的。"我们聊了聊，确定了一个她和我都觉得合适的时间。很棒！那个时候，我们都注意了尊重和关爱的原则，没有局限于死板的规则。我们真的能达成一致的意见！

建立家庭原则时，木筏练习教给我们认真思考自己在家中扮演的角色。每次在工作坊做这个练习时，都会有发自内心的真诚笑声。我们都知道这个练习。有时我们已经失去控制，但却还认为自己局面在握，还在努力调整家庭，试图维持平衡。我们会问："你们多少人是'主要平衡者'？"很多人举手，通常女性多于男性。下一个问题："多少人是'辅助平衡者'？"再一次很多人举手。"有没有人有时在木筏的中间？"更多人举手。通常，孩子的行为是中心。我们问过成百上千个孩子这个问题，他们大多数都有位于中心的时候。当我们问"当家里的中心人物感觉怎么样？"时，回答常常是："我不喜欢……（停顿）……我喜欢。"他们不喜欢自己的行为给家人造成痛苦，不过不可否认他们享受成为家庭中心赋予他们的至高权力。我们也问那些不是家庭中心的兄弟姐妹，作为旁观者感觉如何。一个小妹妹写道：

我觉得自己被忽视了，我得行动起来。我不像姐姐那样吸毒酗酒，但我偷东西、说谎。这样爸爸妈妈就会把一些对姐姐的注意力分给我。他们总是忙着关心姐姐，我琢磨着要是我犯点错误，他们就会注意到我。

我们接触的大多数孩子都不想当家里的中心。然而，他们自己可能没有办法改变这种局面。同样，父母也可能困在“好警察/坏警察”这样的麻烦中。一位家长可能认为：“我得管管这种行为，因为我知道你总是让他们放任自流。”我记得一个孩子对我说过：“我晚上9点想出门的时候，我在7点45分就告诉父母。我的父母总是意见不一致，互相指责，有时说着说着就吵了起来，趁着这个机会我就溜了出去。我掌握了他们的规律。”这样的情况很容易发生。就像热水里的青蛙，我们可能某一天猛然醒来，才发现自己的问题。劳拉写道：

> 在家我无疑扮演了“木筏主要平衡者”的角色。小时候，我看到妈妈在我们家扮演这样的角色。如果你总是挺身而出的人，你就有可能既是解决问题的动力，又是造成问题的阻力。我表现出动力的一面，因为我总是对我们家怀有很深的期望，我可能还有一个很深的欲望，就是想看到我的期望变成现实。我表现出阻力的一面，因为我太关注家庭，让其他人根本没有插手的机会。
>
> 我把这种情形称为“回旋镖”，表现的形式就是，在外面的时候，妈妈胳膊上挎着钱包，家里其他人都跟在她后面，呈现出一个“V”字形。不管是去基督教青年会上游泳课，还是去商场买东西，总是保持着这么一个队形。有一天，我意识到了我们家的这个情形，我不由停了下来。猜猜怎么样？其他人也都停了下来，待在原地。我对马尔科姆说：“往前走啊。”他困惑地说：“不，你先走。”直到我再次抬腿向前，大家才跟着动起来。我喜欢掌握一切，这让

我的家人都依赖我。后来我慢慢学会了“闭住嘴”，让其他家庭成员更多地提出建议和解决方案。我也发现越放手，我里面的抱怨也就越少。

我们如何改变角色？

首先，像优先重点 1“真实比和谐更重要”里说的，我们必须自己和真相面对面。为什么我在扮演这种角色？要是我不演了会怎么样？妈妈的“回旋镖”常常是因为害怕要是她不管，家里就会一团糟。可能会是这样。根基不牢，房子早晚会倒塌。记住这一经验法则：只要我们的动机是防止情况变得更糟，而不是想让事情变得更好，我们就可能永远也不会有勇气发现家庭的伟大之处。

向孩子寻求帮助走出困境可能也会有效。问问孩子：“你觉得我的长处是什么呢？哪些地方需要改进吗？”然后不要说话，真的不要说话，听听孩子的意见。等他们说完再说话。要是非得说点什么，就说“谢谢”吧。

让一个人不再成为家庭中心，我们就需要用原则来替代他留下的空缺。原则是神圣的，不容置疑。当我们的木筏在波浪中漂荡时，原则会为我们指明回家的路。我们可以通过以下的问题回到原则：

- 现在怎么做是正确的？
- 哪些符合家庭原则？
- 遵守原则我需要扮演什么角色？
- 有多少次我为做了正确的事情而感到抱歉？

我们问参加工作坊的父母两个跟原则有关的问题:（1）你记得自己成长过程中有哪些原则？（2）现在对你的家庭来说什么是重要的?

一些回答是:

- 我们谈论更多的是规则，而不是原则。
- 我们讲原则，但并没有在行动中遵守。
- 一些原则得到了落实，还有一些只是在装门面。
- 我们有原则，但需要更多地谈论。
- 我们有大概的原则，但更多时间花在了规则上。

一位母亲谈了谈她得到的不同信息:

> 我成长的家庭里有着清晰的原则，像是回馈社区、做有用的人。这些是说得清楚的，我很感激这一点。但也有些是为了装门面，即要让事情在别人看起来是正确的。我不太认同这一点。

另一位家长写道:

> 我爸爸总是说:“做工作不要半途而废。”从小到大我都听他这样说。我知道这是原则。今天我们家都认同的一个原则是“尽力而为”。每天早上约翰下车时，我都说:“祝你愉快，尽力而为。”

有两位母亲谈到，只关注一个原则可能不会让人找到清晰的方向。一位写道:

我成长的家庭原则是“持之以恒”。父亲过去说：“要是一开始没有成功，就再试试。”我在婚姻中也坚信这个原则，但后来我发现我需要更多的谦卑，直到最终放手。在我们家的原则表述中，有爱和关怀这样的字眼，不过到底什么在中心位置却有些模糊。我们订了很多要遵守的规则，不过都没什么用。我们慢慢走向了诚实和尊重这样的原则。

另一位母亲写道：

我妈妈有乳腺癌和心脏病，这让我学会了永不放弃希望，一切都会好起来这个原则。在我的婚姻越来越痛苦的时候，我决心永不放弃，因此我坚持不放手。直到我意识到婚姻问题不可能自己一个人解决，而是需要两个人共同努力时，我才学会了放低姿态谦卑一些。单独一个原则并不总能帮助我做出正确的选择。我需要平衡考虑各种原则。

有一个家庭分享了一个有趣的故事，他的家庭原则如何通过一条规则引发的争吵而得到确立：

我们家非常看重晚饭时间，我们想让两个儿子也知道这种重要性。晚饭是家人聚在一起，相互联系，谈论时光、生活和梦想的时间。孩子们小的时候，我们就是那样做的。他们长到十三四岁的时候，突然间情况开始变得混乱起来。他们的朋友在家里来来往往，电话也响个不停。罗杰、我和儿子们为此没少吵架。我们都觉得受不了了，我们需要做出改变。因此，我们制定了一条规则：晚饭时不能打电话。

他们的反应是："为什么？可能别人有很重要的事要说。"这样的情况持续了几天。我们坐在桌边，电话还会响起。当然，争吵也随之发生。我们发现需要加强规则，所以又加了一条规则：晚饭时不能打电话。如果打电话，得有充分的理由。

和前面一样，这种情况也没有持续多久。电话还继续响，我们只能不断加强警告："记住，打电话要有充分理由。"争吵继续。所以，罗杰、我两个天才又想了一个办法：把电话听筒从底座上拿开。这样电话铃就不会再响，问题也将得到解决。

当然，孩子们会趁我们做饭的时候把听筒放回去，电话又响了起来，一切又从头开始。你能想象那种场面。

要有充分理由不管用。拿开听筒也不管用。有时我们正在吃晚饭，电话响起来，孩子们被要求给出充分理由，紧张因此升级。事实上，我们已开始把电话藏起来，但孩子们会按下本地电话对讲按钮，要看看电话在哪儿。（按下按钮时听筒会响。）我们准备晚饭的时候他们就在做这些事。现在，很多人都觉得这种办法行不通，不过我们并不这么认为，我们决定进一步改进计划。

我们想，好，让你们两个看看谁说了算。我们制定了一个秘密计划：每天晚饭前都把电话线切断。

我或者丈夫从侧门悄悄出去，蹑手蹑脚穿过草坪，拿着螺丝刀走到房子另一边，打开电话盒，断开电话线，然后把盖子上好。我们回到房子，假装什么也没发生。孩子们会来找我们问："妈妈爸爸，电话出问题了。"我们会假装什么也不知道。我会说："真的吗？我们得让电话公司来修一修。”

基本上，我们对问题的根源视而不见，我们不关心真正该做些什么。我们的重点不是努力建立起重要的原则，而是不断徒劳无益地设定没有意义的规则。最终，我们没有诚实地面对问题，只是尽力想要控制。我们需要花更多时间讨论一下原则，这才是问题的根本解决之道。

几年前，聊到家庭往事时我们还和孩子们分享了这个故事。他们听了大笑不已，为了坚持规则而走极端给我们留下了很深的印象。每当我批评别人养育孩子的方式时，就会想到这个故事，它让我回到了正确的轨道。

原则促使我们盯着更高的目标。我们不能总是达到目标，不过遵守这些原则却会提升我们在家庭日常大事小情中的表现。劳拉写道：

当我现在回头看的时候，我发现从一些很小的事情也能看出原则的影响。我们不允许看电影不买票，或是买票时谎报年龄。努力工作、干一行爱一行很重要。写一封感谢信很重要。打电话给某个人真诚地说声抱歉很重要。做正确事情成了你的基本反应。我正在试着把这些原则带入我的家庭。

我们相信每天平凡的工作会让我们为“大事”做好准备。重要的时刻永远都不是计划来的。它们有自己的时间表，我们不能控制它们发生的时间和地点。我们需要准备以最好的状态迎接它们。一家人坐下来，谈谈对你来说重要的原则。靠它们生活，用它们呼吸，让它们和你一起工作。

家庭练习和活动

家庭格言

材料：纸（长方形），蜡笔、马克笔或颜料，收集名言的书籍、有你喜欢的主题的书籍。

时间：15~30 分钟。

说明：这个练习可能会帮助你创造出家庭格言，这些格言可能在未来很多年被大家坚持。花几分钟说说格言和它们的意思。举一些例子。分享其中在你的成长阶段给你帮助的格言。如果谁有最喜欢的书或电影，让他们用一句话总结出其中的主题。给每人一些时间用几个词或几句话写出家庭格言。然后，聚在一起解释各自的格言。全家也许会决定采用一个或两个，并实行一段时间。（一条有用的格言，总是能和家庭成员产生共鸣，能够带给人自豪感和卓越感。）比如：

- “我们总是犯错，我们从不放弃。”
- “凡事节制。”
- “冒险并尊重你的独特之处。”
- “从信念开始，在挫折中学习，在信心中前行。”
- “鸟儿都回家。”

家庭盾牌

材料：大白板纸、蜡笔、马克笔、胶带。

时间：30~60 分钟。

说明：在我们的工作坊中，父母总是给这个简单的练习很高的评分。

它有助于搞清楚家庭的情况，并发挥每一个家庭成员的创造性和智慧。从几个简单的问题开始：

- 你们全家都看重的原则有哪些？（比如：诚实、尽力而为、关心别人、勇气）
- 什么对你们家庭很重要？（比如：上帝、家庭、同情、探索）
- 什么样的共同经历塑造了我们的品格？（比如：夏日的湖畔、去看爷爷奶奶、滑雪、读书、讲家庭故事）

花时间谈谈这些问题，然后开始。拿一张大纸，画一个盾牌的样子。然后在上面加上家庭原则、核心价值和共同的经历。画上图画或符号加以说明。一些家庭指定一位家庭成员画画，告诉他画什么。还有些家庭轮流画盾牌。（你可能想先画一个练习一下，然后再画最终版。）把最终画好的盾牌挂在醒目的位置，接下来的几个月花时间谈一谈上面写的内容。

画一画家庭

材料：白纸、铅笔、钢笔或马克笔。

时间：30 分钟。

说明：这是召开家庭会议时可以进行的一个很好的活动。让每个人都画出一幅图，表现他们如何认识家庭，以及自己在家里的角色。可以画图形、粗线条或是任何简单的东西。（这里不是要画一件艺术品。）然后让每位家庭成员分享各自的图画，说明意义。可以立刻说出感想，也可以花一周时间想一想，然后下周家庭开会时再分享。注意不要太快对家庭成员做出反应。如果大家自然开始了讨论，就谈谈家庭成员的角色，还有他们遇到的问题。如果家庭成员角色不当，也可以制定行动步骤，不断调整以改变这些角色。

日志问题

1. 我成长过程中的原则和核心理想是什么？

2. 在我的成长过程中，什么是积极的，什么不那么积极？

3. 今天我们家重要的原则有哪些？

4. 我在什么情况下没有坚持原则？请解释一下。

5. 我在什么情况下坚持了原则？请解释一下。

6. 什么妨碍了我们把原则置于家庭的核心位置？

7. 如果有人是家庭的中心，我们需要采取哪些步骤让他离开以让原则成为中心？

8. 我们每个人在木筏上扮演什么角色（主要平衡者、辅助平衡者还是旁观者）？

9. 我怎样做才能走出当前自己陷在其中的困境？

10. 在遵循家庭原则时怎样评估我们的进步？

优先重点 3　态度比天分更重要

现在是开始新的优先重点的时刻：

态度比天分更重要，

努力比能力更重要，

品格比才华更重要。

有时最深刻的智慧体现在古老的格言中。毕竟，任何格言要经得起时间的考验，它就必须提供某些真理的成分，它还必须经过长期的文化检验。我们最喜欢的一则格言就体现了优先重点 3“态度比天分更重要”背后的核心原则：没有什么能阻挡态度正确的人，也没有什么能帮助态度错误的人。

美国就是由一批勇于进取的先驱创立的，面对挑战，他们采取的是一种“我能”的态度。然而，我们的学校却选择把这些品质降为可有可无的点缀，把它们埋进学校年鉴的几页纸里，只是为了给上级领导看一看。与此同时，那种先驱的精神却沉睡着，等待再次被唤醒。

我们在教学生涯中接触过能力各异的学生。但不管他们身上贴的标签是“有天分有才华”还是“有特殊需求”，我们都认为，孩子们都被美国对于天分的过分强调给耽误了。在海德，我们98%的毕业生都考上了四年制大学，他们中的很多人入学时落后太多，困难重重。很多时候，家长怀疑自己的孩子在我们的项目中能否掌握成功所需要的技能或能力。和这些学生在一起的教学经历让我们更加坚信，只要在我们的理念和项目中真正贯彻“态度比天分更重要”这一优先重点，它们对任何学生都会卓有成效。这一信念通过两个令人印象深刻的例子得到验证和加固。

第一个例子是，我们接受了一名学习能力存在严重障碍的学生。由于家长和学校都不确定海德最终会不会是这个学生最好的学习地点，双方都同意先试读一年。学生入学后，整年的学习的确举步维艰。一学年结束时，学校和家长都同意，专门针对学习障碍学生的学校会更适合她。在学生计划注册另一所学校时，她的父母感谢我们帮助他们所做的判断。他们对我们把孩子的态度和天分加以区分的做法尤其赞赏。孩子在校成绩一直不好，因此她的学习态度也始终十分消极，而他们始终无法确定问题到底出在天分上还是态度上。在海德的一年使这两个因素得到了区分，那个女孩后来进入了一所更加专业的学校，并在那里获得了成功。

第二个学生的故事是我们作为教育者最为感动的经历之一。学生是一个16岁的女孩，参加了我们为期五周的夏季挑战项目，她是我们见过的学习最困难的学生。项目开始时，所有人都觉得这个女孩在秋季不会注册成为海德的全日制生。大家希望她能在夏季项目中有建设性的改善，然后转学到专门为学习困难学生开设的学校。不出所料，她在我们的学术项目中饱经挫折，虽然如此，她的自信心却在参与运动、表演艺术、野外旅行等辅助课程的活动中得到了全面提升。夏季项目结束时，我们坐下来和家长讨论孩子面临的问题，我们也准备了很多可供孩子选择的学校。还没等马尔科姆介绍第一所学校，她的母亲就说：“我们想上海德。”马尔科姆说他特别担心孩子可能毕不了业，也可能上不了大学。她母亲立刻说：“我们有心理准备，她可能永远不能从海德毕业，也可能永远上不了大学。不过，我们觉得在海德这个团体中成长对她的好处要比解决你所说的潜在问题更重要。”然后，她用海德怎样特别强调努力和品格这些事情把球抛给了马尔科姆。（她说：“我想，任何孩子和家庭，只要愿意付出真正的努力，海德的大门就应该是敞开的。”）

在对这家人反复强调了可能存在的风险之后，我们给了这个女孩一个机会。她不但在九月份得以入学，两年后还从海德毕业了。她甚至还被大学录取了。这个女孩教给了我们一些重要的东西。她入学前，总会有专家预测某个学生不会在海德获得成功，而我们已经逐渐习惯了证明他们是错误的。然而，这个学生却证明了我们是错误的。就像那条古老格言所说：“没有什么能阻挡态度正确的人。”

在“最艰巨的工作”工作坊中，马尔科姆通过讲述自己的故事介绍了优先重点 3“态度比天分更重要”，这个故事他也曾对成百上千的学生讲过许多次：

> 我在新罕布什尔州的乡村开始上小学，最初的表现堪称优异，那时，我热爱体育运动，很享受别人对我的照顾，和家人的关系也很亲密。然而七年级开始时，我的分数直线下降，因为我被一群被人称为是“坏家伙”的人深深吸引。父母越是提醒，我就越是深陷其中。我记得无数次家长会上，别人都对我父母说我是个“聪明的孩子，但就是不走正道”。我开始觉得这是大人们放出的烟幕弹。

（我总是想问："要是你们真觉得我就是不走正道，你们会告诉我吗？"）我开始对学校有了一种负面的感觉，这也影响着我的表现。随着分数持续下降，对我来说上学似乎已变得徒劳无益。我认为学校在"作弊"，我今天还这么认为。

我还记得在学校大会上看到校友接受嘉奖时，我满心想的是，无论自己多么努力，也永远获不了奖。我觉得大家对此都心知肚明，只是都不说出来而已。那是一条不成文的规定。我甚至认为，如果自己尽了全力，最后的结局只会是双重的打击：首先，我会花费大量时间做自己根本不想做的事；第二，无论如何我都不会学得更好。这种愤愤不平的心理最终让我放弃了努力，也让我沦为班里成绩最差的学生，根本就没想过要上大学。

我想在学校出类拔萃，却不想只当一个陪跑者。在这种矛盾中，我的做法是和老师对着干，我本能地认为："要是成不了最好的，那宁愿当最差的。要是赢不了比赛，那宁愿输个一塌糊涂。"想要表现得与众不同，反倒让我成了教育的破坏者。

我们从老师那里得到的观点充分表明，许多学生和马尔科姆的经历是一样的。只要美国学校继续过度关注各种不受学生控制的变量，只要学校还坚持把天分看得比态度更重要、能力比努力更重要、才华比品格更重要，那么就会有更多这样的学生。这种"天分文化"没有抓住每个学生都想"成功"这一关键。

1968 年马尔科姆开始在海德上学，这让他的故事有了一个不错的结局。当时这个新生的内心满是沮丧和失败。他写道：

老师们立刻注意到我的努力……或者是不努力。他们好像在说:

- “要是你努力，就会学好。”
- “要是不努力，就学不好。”
- “不管拥有怎样的天分都不会让你高人一等。”
- “你不会因为缺乏任何天分而受到惩罚。”
- “在这里，你真的会得到你应得的。”

虽然不喜欢这里的一切，但我不得不承认:“这个地方是公平的。”我开始勤奋学习，力图超过别人。四年后，我被竞争激烈的鲍登学院录取。我最终获得了哈佛大学的硕士学位。在上海德之前，我肯定不是能上鲍登或是哈佛的孩子。海德并没有给我这些能力，海德只是创造了一个充满真正挑战和鼓励的公平赛场。真的就是那么简单。

马尔科姆最近参加了一个有15位经验丰富的校长参加的研讨会，会期一周。虽然来自不同类型的学校——从公立到私立、从小学到中学，也包括宗教学校——但参会者却有一个共同的迫切愿望，就是教会孩子们如何建设更好的明日社区。我们该怎样教？我们该怎样为人父母？所有参会者很快意识到，提出问题要比给出答案容易得多。最终，研讨会开始讨论马丁·路德·金的“一封来自伯明翰监狱的信”。当一位高中校长说金博士是“我们一生中最激励人心的领导者”时，房间里的所有校长都点头赞同，他们大多出生于婴儿潮时期。然后讨论集中在金博士在20世纪60年代的努力上。他为什么能激励整个国家？今天我们怎样才能重燃此激情？答案显而易见：

1. 金博士全心投入于自己的事业。

2. 他能讲明一个“是与非”的问题，迫使人们做出立场的选择。

3. 他能激发人们的想象，激励人们朝着更好的方向努力。

我们对于那个时代的记忆是黑白的，不是因为我们积极参与了民权运动，而是因为我们当时在电视上看到民权运动的时候，彩色电视还是人们梦寐以求的东西。电视上亚拉巴马州伯明翰市警察局长布尔·康纳对付黑人的消防水管和电影《少女》《天才小麻烦》以及电视节目“埃德·沙利文秀”中表现出的和平景象截然相反。我们和成百上千万的美国家庭一起看到了消防水管在街上冲击黑人的可怕场面。虽然当时我们太年轻，不能体会金博士的激情，我们这一代人还是很容易就能理解民权运动核心的“是与非”问题：是否应该以肤色来决定给予人们自由和机会？“是”还是“不是”？在澄清了这个关键问题之后，马丁·路德·金提出了实现激动人心的梦想的更好办法。

今天，父母培养孩子和学校教育中存在的问题似乎更难确定。要么是没有了可以看到的消防水管，要么到处都在灭火，却不知道火源在哪里。似乎也没有一位能够像金博士一样的领导者给我们指明道路。与其等待领导者，或许我们先把问题弄清楚会更好。想想两百多年前美国殖民地开始谋求独立的类似时刻。随着冲突升级，许多问题出现了。有些人呼喊：“无代表不纳税”，另一些人则觉得成为大英帝国的一部分何其幸运。最后，“是与非”的问题摆在了人们眼前：你是支持独立还是反对独立？

作为家长和老师，我们面对的“是与非”问题对于我们的工作来说，其重要性并不亚于我们之前的金和他之前的建国先驱们。对我们来说，这个问题可能就是一个简单的选择：要么认为态度比天分更重要，要么认为天分比态度更重要。

我们的经验是，大多数人会说态度更重要。（“亲爱的，只要你尽最大努力，我不在乎分数。”）然而，不管是不是有意为之，今天许多学校和家庭的实际做法好像是把天分看得比态度更加重要。我们常常问高中生他们学校是不是有的学生学习不用功却总是上光荣榜。他们承认这种情况很普遍，并且对此感到有一些沮丧：“当然，总是那样。一些学生就是有天分，学校奖励他们。”很多学生都说羡慕那些几乎不努力却能得到优秀的同学。

作为教育者和家长，我们相信“天分比态度更重要”这种价值观正在以我们没有意识到的方式损害着学校和家庭。聪明的孩子知道他们真的不需要努力，平均水平及以下的孩子认为他们的努力不会以任何有意义的方式获得回报。而且，我们生活的时代，整个国家关注的重点都是分数和国家标准，而几乎不太关注不管是哪一种学生，都为了得到好成绩而进行着猖獗的考试作弊。在这样一种学生自己都不认为他们的努力会受到尊重的制度中，我们怎么可能相信自己能够激发真正的学习和品格发展呢？因此，我们的学校、家庭、社区到处都是缺乏创造性的青少年。

大多数学生都想学习，也想要做得更好。然而，有太多的学生深陷当前的体制之中，他们认为自己的努力毫无成效，甚至徒劳无功。许多学生觉得不管态度如何，高智商或是优异的大学入学考试分数就会带来学校的认可。与此同时，有太多的家长和老师要么没有看到，要么不想看到有许多迹象支持孩子们的想法。无论如何，我们接触过许多青少年，他们似乎认为如果没有好的考试分数，认真的态度也是白搭。不论这种认识对不对，我们都觉得是时候让父母和老师认真考虑一下孩子们的这种想法了。

学校改革的两极和被遗忘的中间群体

自 20 世纪 60 年代早期教育者开始积极讨论改革起，美国的学校一直把精力放在解决学校中对立的两极群体的需求上。一极上，有许多项目提供给那些“有天分有才华”的学生。在大多数的美国高中，10% 左右的优秀学生接受严格的项目训练，为进入一流大学做准备。每年六月，当地的报纸都会宣扬这些学生的成就，宣称他们能上期望中的大学是多么大的荣耀。在另一极，一系列针对所谓的学习障碍的项目在过去 20 年也呈现爆发式增长。支持者提倡这些项目，认为它们显著推动了年轻人的学习事业；不过，另一些人认为，这些项目只不过为有注意缺陷症、多动症、学习障碍等的学生群体创造了过量的“字母汤”，昂贵而无效。两种情况下，双方都承认不同的学生在学习水平上存在着较大差距。

被改革遗忘的是两极之间的广大学生，他们常常被动地在早上 8 点半到下午 3 点之间打卡上下学。看到他们在学校走廊上消磨时间、原地踏步，我们就想起了平克・弗洛伊德一首歌的即兴副歌部分：“毕竟，你只是墙上的另一块砖。”

我们和很多高中校长说起过，他们开诚布公地承认这个群体的需求没有以任何连贯而系统的方式解决。事实是，这个群体对上学根本没有兴趣。当我们想到，对于天分的解析和过度关注引发了上面两极的改革，这一点就很好理解了。那些高天分的孩子接受了天才项目，天分低的学生得到了特别的额外关注。而那些资质平平的孩子经常连基本的关注都得不到。事实上，这些学生的家长常常试图证明他们孩子实际的智能比学校权威部门所说的还要低。他们这样做是因为觉得证明孩子程度低就可以让他们得到更多的关注。美国的学校可能是唯一一个家长想证明孩子能力不足的地方。

态度比天分更重要：对一些人是最好的，对所有人都是最好的

如果马尔科姆的故事能代表中间被遗忘的广大群体发声，那么让我们考虑一下两极。最近我们问一些学生，要是灵歌之父雷·查尔斯或是黑人音乐家史提夫·汪达今天上美国学校，你们觉得会发生什么？一个学生回答："他们可能只能上上视觉障碍课，那样我们就永远不会听到他们的声音了。"不管这个学生的想法对不对，它足以说明学习障碍项目经常关注学生的缺陷，以致牺牲了他们的梦想。史提夫·汪达和雷·查尔斯有着当音乐家的梦想，他们也意识到，为了实现梦想，他们需要克服失明这个障碍。失明过去是，现在还是对他们两人的挑战。不过，他们的梦想战胜了身体的残疾，进而让他们成为美国流行音乐的标志性人物。过度强调天分的文化可能会让梦想因身体残疾而窒息。

就像天分文化对于那些处于测试图腾柱低端的人不利一样，对于另一端的高天分学生可能同样存在严重的问题。我们常常听说有些学生厌学的事，他们只是因为某门课成绩不好就放弃了努力，而不是竭尽全力

正确面对。让人不安的事实是，很多这样的案例中，是成人——老师或家长——鼓励学生放弃课程。虽然没有说出来，可显然所有人都是这么认为的，特别是学生，他们认为 GPA 成绩比通过努力克服挑战来培养品格更为重要。不管我们再对学生说“尽最大努力”和“品格”是多么重要的美德，他们往往非常清楚我们的真正想法。既然老师和家长认为自己的作用是为未来的男男女女做出表率，他们自己都不相信的方法怎么会指望孩子相信呢？

“能力的诱惑”与平庸：好孩子 / 坏孩子

有多少次我们见到叛逆或是不尊重他人的孩子，听到有人说：“那个孩子的态度可真行。”我们学校的一种流行说法是：“他的态度能把马吓趴下。”一般来说，不好的态度显而易见。然而，对于父母而言，停下来严肃而客观地想象自己家里的态度标准有多高，这很重要。许多家庭仅仅满足于没有不好的态度。其中一个原因是我们没有意识到能力或者态度在多大程度上能够丰富我们的认知。马尔科姆记得他一度担任女子足球队教练时获得的重要经验：

> 记得第一年，我们踢了 8 场比赛，一场也没赢，我不断跟队员们说的是人们常说的那些话：“输赢不重要，怎么打比赛才重要。”“尽力而为，接受结果。”“让我们在联赛中向大家证明什么是运动精神。”“我们可以输掉比赛，但永远不能被战胜。”
>
> 说这些话的时候我深信不疑，今天依然如此。不过，我发现，在接下来的赛季里，当我们突出重围，进入联赛冠军的争夺时，我

再没有在赛场上像之前那样频繁地喊出这些话了。换句话说，我发现，获胜无望的时候强调努力拼搏和运动精神相对更为容易。（毕竟，当时我还能强调什么呢？）但随着我们尝到“胜利的战果”，我就一心只想赢得比赛。

能力和成功在一起常常会掩盖家庭对态度的理解。最终，我们只在孩子行为不好或是表现不佳时才会认为态度是个问题。

我们称为“好孩子 / 坏孩子”的这个动态模式可以作为一个例子来体现这种能力和成功的诱惑是如何掩盖家庭对于自身的理解的。我们经常遇到一种家庭动态模式，即妈妈爸爸关心“强尼”的态度和行为。我们假定他态度很消极，父母想方设法寻找办法要改变这种态度。我们假设他有个弟弟瑞克，不像强尼那样在家中制造混乱。我们看到，父母把所有的表扬都给了瑞克，虽然他的表现可能只是不坏。这样，父母就对瑞克造成了不好的影响，因为他们没有以他所能做到的最好表现为标准来评价他。相反，他们对他的标准比对强尼的还要低。对于瑞克来说，这种游戏有时就像：“我不需要做到最好。我只需要保证比强尼好一点点就行。”虽然瑞克可能在家表现不错，但却并没有为离开家后必然会面对的更高期望做好准备。同时，父母对他放任自流，庆幸他不是又一个强尼。家长必须努力看到能力和成功背后所掩盖的东西。我们必须把每一个孩子看作是不同的个体，每一个都有着不同的优秀标准。

“永远不要跟恐怖分子谈判”

寄宿学校的一个现实是电话永远不够用。因此，校园里总有学生在付费电话旁给家人打电话。常常可以看到他们和家人激烈地交谈，其间时常能听到他们不礼貌的话语，感觉到空气中的紧张气氛。就像劳拉常说的："每当碰到这种场面，我会假设两种情况：（1）电话那头的是家长；（2）可能是家长付电话费。"这样的家长可能正在掉进我们称为"和恐怖分子谈判"的陷阱。虽然不能总是要求事事有好结果，但家长至少可以给孩子一个积极态度的示范。

直面自己的失调时刻对我们或许大有裨益。在优先重点 1"真实比和谐更重要"中，我们提到了"内部"世界和"外部"世界，以及作为父母如何在两者之中寻找平衡。很多家庭没有看到另一句格言中所包含的智慧：我们无法控制别人如何对待我们，我们只能控制自己如何对待别人。电话线另一头的母亲也许不能控制孩子对她说话的态度，不过她能控制自己对这种态度的反应。事实上，她有许多选择。她可以：

- 拒绝付话费。
- 告诉儿子她不想继续说了，除非他改变态度。
- 挂掉电话，告诉儿子下次他再打电话要自己付费，以后她是否付电话费要看他的态度再说。
- 什么也不说就挂掉电话，让他自己看下一步该怎么办。

毫无例外，儿子用一种无理的态度跟妈妈说话的原因很简单：他被允许这样做。坏消息是：这个年轻人的态度不会一夜之间转变。好消息是：他妈妈的反应可以在天黑之前就改变。

这个故事告诉我们什么道理？永远不要和恐怖分子谈判！这是国际关系的基本原则，也很适用于我们的孩子。想想孩子们总是表现出恐怖分子的态度和行为。我们的反应是什么？通常，我们想尽各种办法试图和他们讲道理。用什么定义恐怖分子的态度？正如一位高等法院的法官所说："你一看到就知道了。"虽然他说的是色情业，我们对于"恐怖活动"的定义也是如此。它关系到语调、身体语言和尊重程度。当孩子表现出这种态度时，采用一种简单的原则：说什么都没用！没有必要再说了！不管我们停止谈话，离开房间，还是离开家，都需要采取行动传达出这一信息："你的态度不可接受，我不愿再继续谈话，除非你改变态度。"在这种情况下请记住这句简单的话：说得越多，失去得越多！行动比试图努力说服孩子需要做什么更为有效。

从"行动"到"努力"到"出色"——态度积木

如果能力的诱惑，还有和恐怖分子的谈判是要避免的东西，那么作为父母我们可以采取哪些积极措施以免落入这些陷阱呢？关键的一条是优先重点8"创造品格文化"中所说的每周家庭例会。例会上应该考虑的一个概念，我们称为"积木"，这是一种自我评估和对他人进行评估的简单工具。

"积木"模型由三个阶段组成：

- 行动：个体负责任地做出行动。
- 努力：个体开始以完成挑战为荣。
- 出色：个体开始追求做到最好。

海德教育积木

- 一连串的反应
- 一个进化过程
- 毕业时达到最高点
- 最终目标：海德证书

出色

提供者

- 有“最好自己”的概念
- 学生是师生关系中的最大股东
- 采取措施：提供者可为接受者的成长负责
- 毕业——能对证书的要求作出承诺
- 老师和家长对学生放手

努力

实行者

- 开始有态度积极
- 如果不得不做，那就做好
- 分享期望

  师生联系形成

  关系开始发展
- 创造性开始展现

基础

行动

接受者

- 有负责任的行动
- 身体动起来，心会跟随
- 期望几乎全由老师设定
- 有时会有不愉快的阶段
- 发现独特潜能的基础正在奠定

基础

在海德，学生、老师、家长按照这些阶段定期进行自我评估和互评。常常能听到学生说："虽然我在化学课上很'出色'，但我在球队的'行动'还不够。"'行动'不足的学生被认为是"脱轨"了。

我们所有人——家长、孩子、老师，在多种多样的活动中经历这些阶段。任何时刻，我们都可能处在三个层面的不同位置。借用一个实际案例，也许更容易理解这个模型。在这个案例里，我们可以看到孩子们在整个过程中的进步。下面，我们来看看马尔科姆担任高中女子足球队教练的经历。虽然这个故事表明进步不可能一夜之间发生，但它的确表明了只要我们坚持正确的做法，就肯定会稳步前进。

案例研究：一支高中女子足球队

20 世纪 80 年代中期，马尔科姆接管了一支状况堪忧的高中女子足球队。球队步履维艰。女孩子们不但不想踢球，还鄙视学校的强制性体育政策。虽然运动从小就是马尔科姆的天性，但面对这样的消极态度他也感到有些难以下手。

第一天训练，马尔科姆见到了将要组队的女孩子们，他能做的就是问自己：这到底是怎么回事？当然，环视球场，他很容易就知道了答案。很多女生戴着首饰，化着妆。大多数人都没穿护膝。很多人都想比别人时髦。一些人把手包带到球场。马尔科姆不知道该怎么办，不过本能告诉他，当下他应该关注的还不是足球本身。

他把这些"运动员"叫到一起说：

好啦，我知道你们很多人不想来这儿训练。我不想浪费时间解释为什么体育锻炼对你们有好处，或者为什么我觉得你们应该如何培养对足球或运动的热爱。接下来两个月，我们只会做真正的足球运动员要做的事。哪些事呢？他们准时集合。他们戴护膝。他们把手包放在家里。他们不化妆，不戴首饰。你们所有人都得穿上专业训练服，我会给大家订购。长话短说，我希望你们像个足球运动员，在球场上专心做自己该做的事。

行动

第一次集合，马尔科姆根本没有说比赛的输赢，也没提足球的战术。看到几个女孩瞎踢一通或根本踢不到球还嘻嘻哈哈，他决定采用一条“不准嬉闹”的规则。他并没有向孩子们解释说这其实是她们心理上的一种防御机制，他只是不允许她们这样做。他告诉她们他不管她们的动作是不是协调，也不管她们踢球的时候样子有多可笑，他只要求她们认真对待训练。他告诉她们，如果认真训练，5 点就可结束，如果不认真，他会增加 5 分钟的跑步或是体操活动。显然，她们还没把他当一回事。就算他威胁说星期六加练好像也没能让她们的态度变得更好。

马尔科姆开始执教时情况就是这样。女孩子们看不起他，埋怨他，还习惯性地对家长抱怨他。不管在校园的哪个角落，他都是被取笑的对象。在大厅里碰到这些队员时，她们都一脸不高兴。但他的策略很简单:不能按照球员应有的责任来“行动”，后果会很糟;按照责任“行动”，结果就很好。

换句话说，这些女孩按照足球运动员应负的责任“行动”的原因是如果不行动就会受罚。对于马尔科姆来说，扮演这样不受欢迎的角色让他很难堪，因为他和自己以前执教过的球队都关系良好。他的队伍表现

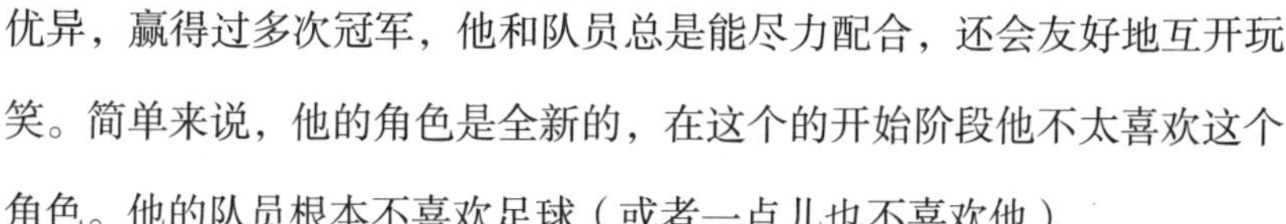

优异，赢得过多次冠军，他和队员总是能尽力配合，还会友好地互开玩笑。简单来说，他的角色是全新的，在这个的开始阶段他不太喜欢这个角色。他的队员根本不喜欢足球（或者一点儿也不喜欢他）。

马尔科姆写道：

> 这种糟糕的关系持续了首个赛季的大部分时间。我们的成绩是0∶8，没能赢得一场比赛，直到赛季过半才进了一个球。显然，其他学校都想从我们身上拿分，以确保主场获胜。作为教练，我感到耻辱。我认为队员们对此根本不在乎。她们从一开始就没有把自己看成是运动员。不过，我相信在当时的情境下我采用的办法是唯一可行的办法。

努力

赛季过半，一些女孩子终于迈出了从“行动”到“努力”的一步。也许她们中有人体会到了进球的幸福感。也许另一个人午餐排队时因为比赛中的表现受到了表扬。也许有队员的家长来看比赛了，她认为终于能够上场比赛会让他们大吃一惊。对很多队员来说，只是两害相权取其轻。她们意识到：“哦，高尔德这家伙好像打败了我们。要是不得不踢球的话，我得承认还是上场比坐板凳更有趣。”就这样，很多队员开始争夺首发位置，只因为她们不想坐板凳。虽然她们可能还在说根本不想踢球（投降总是不情愿的！），可她们的确更加努力了。

出色

第一个赛季末，尽管动机千差万别，但大多数队员每天下午都会到球场训练，至少还表现出了一点点热情。那年冬天，马尔科姆在执教男生篮球赛季时，三个足球队员来办公室找他。她们听说了有前高中和大学选手参加的当地室内冬季女子联盟比赛即将举行，想知道马尔科姆让不让她们参加。对于这个要求，马尔科姆既欣喜又震惊。显然，这三个孩子想要从“努力”阶段进入“出色”阶段。她们想在足球比赛中努力做最好的自己。她们参加了冬季联赛，获得了积极的经历，实现了进一步提高足球水平的愿望，甚至她们的成长都超出了足球的范围。马尔科姆想知道：“我们能不能由此开始有积极的势头？”

协同合作 = 行动 + 努力 + 出色

第二年秋天，马尔科姆再次担任了女子足球队的教练，他感到第一周可能又会是痛苦的，为此做好了心理准备，准备好试图说服态度不好的学生踢不想踢的比赛。有几件事让他大吃一惊。一是那三个“出色”的队员开始成为榜样。（其中两人最终成为优秀的大学选手。）第二，处在“努力”阶段的几个孩子想竞争首发位置。事实上有相当多的队员都想这样。想好好踢的队员比根本不想踢的人多多了。态度不好的女孩子们开始变得积极了。潮水的方向变了。她们不再能接受消极的态度。她们总是上场努力踢上几个小时，绝大多数队员都是如此。

马尔科姆写道：

> 也许最重要的事件是我们第二个赛季的第一场比赛：我们赢了！就像赢得了“超级碗”那么欣喜若狂。老队员们心中充满了喜悦，与“失败的痛苦”相比，她们显然更喜欢“胜利的战果”，她们显然想要更多的胜利。是的，她们做到了，那年秋天赢得了联盟

冠军。几个女孩子参加了同年的冬季联盟，很快她们就感受到来自其他队员的压力，觉得需要参加夏季足球训练营。后来其中几个人真的参加了，其他人也参加了夏季联盟比赛。

成功逐渐成为一种传统。在接下来的四年里，女孩子们三次成为州预备学校冠军，两次参加了新英格兰预备学校足球巡回赛。对于首发位置的竞争还是非常激烈，就连能够入选球队都已经是极大的荣耀。女孩子们每个人和整个集体的进步越来越快，证明了没有什么能阻挡态度正确的人。我们的足球神话发生的时候，我也已经相信没有什么能够帮助那些态度不好的人了。

本章最后的一个练习提供了一个所有家庭成员自己和彼此应用“积木”概念的机会。这个从“行动”到“努力”再到“出色”的过程可以成为我们应对各种挑战的指导：从数学课、吉他课或是体育运动，到困难的事务或者争取社团成员资格。对我们来说，在这三个层面不断发现自我是一件美好的事情。有一个变量我们不能控制，那就是学生们成长的时间表。我们所有人都在课程中以不同的速度取得了进步。就像我们喜欢说：“你无法用凿子让玫瑰花开放。”千里之行始于足下。就像水手无法控制风向，我们无法控制旅程中挑战的难度。不过，就像水手可以控制风帆，我们可以控制每天面对工作的态度。

最后，接受这个事实，即作为家长，立足于正确的态度需要长期努力。我们总是受到孩子潜在天分的诱惑。没有什么比这样的说法更让人兴奋了：“你的孩子真聪明。”这就好像是说因为他们聪明，一切都不会有问题了一样。虽然没有什么比孩子们有天分更加让人高兴的事了，但我们还是需要关注他们能够控制的东西。看看你周围生活中接触过的最成功的人。情况常常是，他们有着更多的积极态度，而非惊人的天赋。如果我们的孩子要发挥自身的潜能，创造自己的生活，他们就需要正确的态度。我们也是如此。天分需要终生的开发和培养，而态度几乎可以马上改变。

我们很喜欢宗教领袖查尔斯·斯文德尔（Charles Swindoll）写的关于态度的一段文字。几年前一位家长把它寄给了我们。从那以后这段话就贴在我们家浴室的镜子上：

> 年龄越大，我就越意识到态度对于生活的影响。态度对于我比事实更为重要。态度比过往的经历、教育、金钱、环境、失败、成功、别人说什么做什么都重要，也比外表、才华、技能重要。很棒的事情是我们每天都可以对当天的生活态度做出选择。我们不能改变过去……我们无法改变人们的行为方式。我们不能改变不可避免的事情。我们唯一能做的就是弹奏我们手里的那一根琴弦，那就是我们的态度……我相信生活就是已经发生的事情占10%，而90%是我们对它们的反应。

家庭练习和活动

椅子练习

材料：椅子（你能轻松拿起来的）、纸、笔。

时间：30分钟。

说明：这个练习我们在许多工作坊中都进行过。一位家长主导练习。把椅子举过肩膀。（你可以把胳膊穿过椅背的横档做到。）在家人面前走动，问他们："你们觉得我怎么样？"（家人会笑，说他们觉得你有点疯了。）然后问问家人，让他们想一想他们所背负的某些态度，就像你正在举着这把椅子一样。让他们写下他们可能背负的无效态度。下面这些问题可能会有所帮助：

- "你觉得需要举着这个椅子（保持这种态度）吗？"
- "要是把椅子（态度）放下来会怎样？"
- "我们一家人举着什么样的椅子（持有什么样的态度）？"

努力 / 态度图表

材料：画图的大纸、马克笔、胶带。

时间：15 分钟布置好纸张，每天进行，持续一个月。

说明：让每一个家庭成员想三方面他们觉得需要提高的天分。为每个人画一张图，确定图表的时间范围（周、月等）。图表中，一个轴是天分，另一个是态度 / 努力。每天或每周，记录下每个家庭成员是如何改进或提高某项技能的。规定时间结束时，一家人坐下来，谈谈结果。

这里有一些可以提出的问题：

- "你觉得改进态度有助于提高你的天分吗？"
- "你是怎样改进态度的？"
- "你能否把这一点用于其他领域？"

"家庭风险树"

材料：用纸和其他材料造出一棵大树干，还有一盒"树叶"，放在树的旁边。

时间：30分钟建好“树”，然后每天/每周加进内容。

说明：这个练习有助于鼓励在培养态度和发展天分的过程中把冒险作为一个关键要素。先谈谈风险，确定好“哪些不是有助于成长的冒险，而是危险的冒险”。

通过头脑风暴想想一些重要的冒险：

- 课堂上或工作中畅所欲言
- 见新朋友
- 学习新的运动动作
- 坚持己见，不一味迎合别人
- 唱歌
- 保持健康
- 找工作
- 要求承担更多责任

把那盒“叶子”放在“树”旁边。家庭成员冒险的时候，把这些行为做成标签，贴在树上。周末或月末，家人聚在一起看看那棵树。

问一些问题：

- “我从冒险中学到了什么？”
- “困难是什么？”
- “我的天分因此得到提升了吗？”
- “我的态度因此而有所改善吗？”

- “家人看到我的任何改变了吗？”

日志问题

1. 我会怎样定义自己对于生活的整体态度？

2. 我对生活的总体态度有哪些好的方面？

3. 我对生活的总体态度受到哪些制约？

4. 什么样的情况或者哪些人会让我产生最糟糕的态度？

5. 当我的态度“脱离轨道”时，谁看到了？

6. 我真的认为态度比能力更为重要吗？我在生活中的哪些方面对此有所怀疑？

7. 我对于家人的总体态度感觉如何？（描述一下每位家庭成员）

8. 什么时候、在什么情况下我看到孩子们因为态度而挣扎？

9. 描述一个时刻，我对在家庭成员身上看到的态度感到自豪？

10. “态度”对我来说足够重要吗？

11. 什么情况下我控制了态度？

12. 什么情况下态度控制了我？

13. 我的同龄人中谁有着积极的态度？

优先重点 4　设定更高期望，放手结果

瞄准一个你觉得自己不能达到的目标。如果孩子们竭尽全力，无论预定的目标是否实现，他们对于最终结果都会感觉良好。

今天的大多数家长和老师似乎都期望在家庭和学校中加强纪律性。但就像我们在优先重点 2“原则比规则更重要”中讨论过的，有时这种期望会让我们以牺牲原则为代价制定规则。而这一倾向导致了这样一种亲子关系，即孩子们可能遵守了规则的字句，却没有遵行规则的精神。

如同可能会在困境中冲动地抓住规则而以牺牲原则为代价，家长们也常常会抓住纪律而以牺牲高期望为代价。纪律对于底线的建立和坚持十分重要。不过，仅靠纪律并不能为孩子们开启梦想的世界。打开这扇门的钥匙是个人取得的成就。要体验成功，孩子们需要“目标高远”，如果把所有时间都浪费在关注底线上，我们就不能帮助他们。家中遇到困难时，我们常常在纪律里寻求安慰。（父母这样想：“如果我们没办法成为一个了不起的家庭，也许至少可以避免成为最糟糕的那一个。”）这不是长期的解决办法。我们说：“品格培养的目标不是让人不掉进阴沟，而应该是让他能够到星星。”

纪律和高期望必须并行不悖。然而，许多家长在家庭生活的日常压力之下常常以牺牲期望为代价而关注纪律。过分看重纪律的家长，往往缺少高期望的眼界，他们喜欢列出一张又一张“家庭规则”，来规定家中不能容忍的行为。被禁止的活动一般包括抽烟、吸毒、酗酒、穿某些衣服，可能还有打耳钉和刺青。家庭规则也许还包括禁止晚上外出，可能还有其他一两项家庭事务。制订这些规则的问题在于，它们往往关注最不能接受的行为，家庭最终沦为最小公分母。对孩子而言，这似乎意味着：“你不必成为赢家，只要不成为输家就行了。”

过分强调纪律的另一个问题是孩子们不能自己确立目标。要是感到总是别人为他们设定目标，他们最终会不愿努力或是寻求成功。一位有两个孩子的海德父亲写道：

> 对我们为他设定目标，而不是让他自己定目标，儿子真的很抗拒。我们太关注结果和我们害怕他不能成功，害怕他不能自己解决问题密切相关。他觉得我们不允许他做自己。

我们的经验表明，家长们可能过于强调纪律，把它看得好像就是目的本身一样。这是可以理解的，特别是当我们在家里因为孩子的问题感到挫败时。我们转向纪律，希望它能带来干净的房间、得体的衣着、晚上不外出，还有减少滥用药物。不过，纪律不应该被看作是目的，它是手段。它必须伴随有高期望和可实现的目标。

有时我们害怕为孩子设置更高的目标，害怕目标不能实现他们就会感到沮丧。比如，鼓励他们为足球队试训或是参加学校的活动选拔，他们可能会落选。不过，如果我们能够尊重竭尽全力，如果我们能够把失败看作是一次学习经历（参看优先重点5“成功失败都有价值”），那么一种不同的氛围，一种激励人心的氛围可能就会出现。与此同时，我们必须避开常见的鼓励孩子“为尝试而尝试”的陷阱。马尔科姆记得他历史课上有一个学生，交了一篇漫不经心、令人失望的文章。马尔科姆要求他重写论文，但那个学生在第二天又把原来的论文交了上来，唯一的区别是没有错别字。这个学生努力了吗？也许。他真的想要完成一篇很好的论文吗？绝不是。

有时父母看到孩子痛苦挣扎，就想要干预，“降低障碍”。这不但不能帮助孩子实现目标，还会对亲子关系产生长期的负面影响。一位母亲写道：

> 孩子们上学时，我总是想，只要他们尽力就行了。可当他们分数不是那么好的时候，我就会开始想：“嗯，他们没有尽全力。要是他们尽力了，会得到好分数的。”于是我开始想办法控制结果，以便他们能达到我的高期望。我承认，我的期望全部都和别人怎样评价我的孩子有关，而和我对他们的评价无关。我不想对别人的评价置之不理，于是不断推着孩子们达到这些期望。
>
> 孩子明白我这样的办法不能让他们真正了解世界，于是他们开始叛逆。他们完全拒绝做别人为他们安排的事，而我却不想让他们自己安排生活。我觉得他们得按照我想要的方式，按照整个社会要求的方式行事。今天想起来，我设置了很高的期望，却不得不密切关注他们在通往高期望过程中的一举一动。直到今天，儿子们还说：“妈妈，你说你完全放手了，可我要告诉你，你还在密切关注，还在盯着我。”

关注高期望有时看起来可能过于以成功为导向。这样，始终存在一种陷入优先重点 3 所说的“能力的诱惑”的危险。在努力提出“态度”的重要性时，我们不想忽视能力。毕竟，能力的增长是我们努力的最终目标。家长和老师的工作是确保这种努力是诚实和公平的。家长必须避免为纪律而纪律、为努力而努力、为品格而品格的陷阱。目标高远至关重要。设立更高远的目标吧。如果孩子们竭尽全力，无论预定的目标是否实现，他们对于最终结果都会感觉良好。

马尔科姆记得他的一位高中老师是怎样教他瞄准高目标的。毕业前的最后一年，老师问他想去哪儿上大学。马尔科姆说:“我真的想去哈佛，但我想那是不可能的。”老师严肃地问他是否已经申请或是面试过了。马尔科姆说:“我还是有点自知之明，我知道自己不该浪费时间。”就在那时，老师对他提出了一个挑战:“给哈佛招生办公室打个电话，约一下面试，然后去看看。”可能只是出于对老师的尊重，马尔科姆同意了。

几个星期后，马尔科姆来到马萨诸塞的坎布里奇（哈佛大学所在地）参加面试。走进招生办公室，他其实有点期望有人会告诉他他不该来这里。但当面试一开始，他就把自己完全投入进去。面试结束时，马尔科姆和办公室负责人握了握手，走出大楼时他有一种奇怪的成就感。一方面，他不认为自己接受了老师提出的挑战，就更有机会进入哈佛大学。另一方面，他对于自己的尽力表现感到自豪。他感觉良好。

今天，马尔科姆知道，要不是老师用高期望来挑战他，他是绝不会去参加哈佛的面试的。正如他此前几个月前就已经预料到的，这次面试的短期结果是他未被录取。不过，这件事还有着持久的影响，那就是设定高期望给他带来了真正的自信。这次面试对于他的自尊没有产生负面影响，事实上，他的自尊极大地提高了。作为教育者，马尔科姆从此开始鼓励许多学生重新审视他们的大学计划。他告诉他们所有人:“不要从最终接受或拒绝你的大学那里获得自信，而要从你自己身上获取自信。”

全面看待高期望

虽然我们关注的焦点是态度比能力更重要，但海德学校还是因为学生课堂、舞台以及运动场上一些相当优异的成绩得到了全国性的关注。自学校创立以来，98% 的毕业生都考上了四年制正规大学。很多学生初来学校时成绩都不太好，也没有太大希望进入高等学府。在艺术表演方面，海德的学生登上过华盛顿肯尼迪中心、百老汇剧场的舞台。考虑到我们的学生此前几乎都没有表演经验，取得这样的成绩是很惊人的。我们的运动队赢得了许多州冠军和地区冠军。这些经历让我们相信，学习、体育、表演艺术都为实现高期望提供了特别宝贵的机会。

当然，如果没有伟大的父母、老师和教练，这些机会的巨大潜能是无法实现的。这种潜能可以创造出一种强大的合力，改变整个学校群体。当然，也有不少问题。我们很容易就可以看到体育运动可能带来的负面结果。去任意一场高中篮球赛，看看球迷们在对方明星球员罚球时嘲笑地挥动手帕的场面。(在美国不管哪一个体育馆里都能听到这样的叫喊:“嘿，再见吧！”)一些校际比赛已经禁止了传统的赛后握手。这种禁令显然是球队之间太多侮辱和冲突的结果。这些问题在大学阶段可能更加严重。

马尔科姆最近观看了一场大学长曲棍球比赛，主队是一支享有盛誉的人文艺术大学队，客队是一支不太有名的学校队。他看到，两支队伍势均力敌，比赛异常激烈，选手们表现出积极的运动精神和对对方的尊重。但不久，主队球迷吓人的态度和行为吸引了他的注意。在客队领先较多时，主队球迷开始喊："赢得好！欢迎有一天到我们这儿来打工！"看比赛的教授和管理者显然假装没有听到，马尔科姆心想："这算什么好学校啊？"

如果"苹果不会落在离树很远的地方"是真的，那么也许我们不该对小联盟棒球赛和青少年曲棍球比赛中看台上家长的糟糕行为感到吃惊。最近一个特别糟糕的例子发生在马萨诸塞州，一位父亲把在看台上的怒气带到了停车场，在那里他和另一位父亲发生了口角，竟然打死了那个人，而完全不顾受害者的儿子在一旁苦苦哀求。这次事件并不是发生在冠军赛结束时，只是在一次练习赛之后。

我们认为，国家运动精神的衰落在成年人身上看得最清楚。对年轻的运动员来说，辱骂裁判、和对方运动员发生冲突、因出错可能无法获得胜利时大发脾气，这些是一回事。教练和家长容忍这样的行为，一味忍耐不表态，又是另一回事。可能对这些行为的容忍正是这些行为越来越多的原因，因此，这里的优先重点呼吁在最大范围设定高期望。作为老师和家长，我们必须对态度、努力、技能和运动精神做出最高标准的要求。

如果不加以控制，体育也可能成为排他性集团的滋生之所。小集团因体育而生的一个原因是，大多数美国学校不愿为体育特长的学生提供发展的机会。很难想象一个 17 岁的高中生去学校的运动办公室，简单地问："我想踢足球。在哪里报名呢？"这个学生能不能踢球常常取决于教练对他的评估，看他是否有助于球队。在海德，我们强调，只要精心设计，体育（及各种学校活动）很可能成为非常有价值的学习工具。大多数学校都把运动看作是为了展示有天分的运动员，或者有时变成增加学校收入的工具，这样就很难发挥运动的真正作用。

在海德，我们逐渐相信，体育不应该被看作课外活动，而应该成为每一个学生必须接受的教育。事实上，我们甚至质疑课外活动这个概念。有时，人们问我们学校提供哪些课外活动，我们的回答让他们吃惊："很少。"其他学校认为是"课外的"，我们认为是"必须的"。有时，从运动中收获最大的是那些觉得没有准备好或是根本不想运动的学生。

在嘲笑强制运动之前，想想如果一个学生这么说："我真的觉得自己不适合学几何。我必须学吗？"学校是怎样回答的。国家盲目地坚持认为，必须发展学生的智能，可是却把青少年其余大部分的发展留给一些所谓的"课外"活动。我们公开挑战这种认识，因为我们相信这样可能会错失很多学习的机会。

IPSES

为了保持前进，我们开发了 IPSES 表来表示教育和家庭培养应该解决和发展的个人能力：

I= 智能（Intellectual）

P= 体能（Physical）

S= 精神（Spiritual）

E= 情感（Emotional）

S= 社交（Social）

我们使用下面的自我评估表定期评估每一个学生、家长、老师的进步。学生们按照特定群体，如二年级班级、足球队、表演艺术小组、宿舍，不限人数，讨论他们的整体进步。他们给自己进行以上五方面的评分（从 0~100），有时写下对每一点的评价。然后可以交换图表互相讨论彼此的进步。我们发现，只是讨论一下这些方面就能让学生更加意识到个人全面成长的需要。（你们可能会在优先重点 8 “创造品格文化”谈到的家庭例会上讨论 IPSES 概念。）

IPSES 图表

姓 名：________________________________ 日 期：__________

	智能	身体	精神	情感	社交
100%					
80%					
60%					
40%					
20%					
0%					

评价

智能____

____

体能____

____

精神____

____

情感____

____

社交____

____

摔跤：帮助孩子设立更高目标的途径

我们发现能够为男孩子带来很多机会的一项运动是摔跤。我们说的摔跤，不是指美国摔跤协会大肆宣传的电视秀，而是重量级的校际摔跤。这样看来，摔跤真的是一项民主的运动，任何愿意“付出代价”的运动员都能获得成功。自学校创立之日，摔跤就是海德的一项重要运动。很多人都讨厌这项运动，而我们的校友却毫无例外地声称该运动对他们的品格培养至关重要。海德摔跤运动所经历的成功让人吃惊。作为有着 230 名学生的全美最好的私立高中之一，海德长期参加由全国最大最好寄宿学校组织的摔跤比赛，参赛者包括埃克塞特学院、安多弗学校、迪尔菲尔德学院，还有北野山高中。而海德既不招收摔跤手，也不提供优秀运动员经常参加的毕业后项目——这是一个在学术和运动方面为大学入学做准备的第 13 学年。

也许设定更高期望和放手结果之间的微妙差别就体现在海德摔跤教练所使用的方法中，这种方法他们在赛季开始参加新英格兰摔跤巡回赛 A 级别比赛时多次使用过。教练不说：“先生们，我们不在乎结果，我们只在乎你们有没有尽力。”（事实上，摔跤手喜欢喊“尽力是骗人的”这样的口号。）教练只说：“今年像以前一样，我们的目标是赢得新英格兰巡回赛。要赢得比赛，我想我们需要在这几个方面来努力。”摔跤手们的确尽力了，非常努力。有好多年，海德摔跤队都大败而归，成绩是最后一名。然而，信不信由你，在过去 25 年中，海德四次赢得了冠军。我们的获胜是靠每一位选手尽自己最大的努力争取胜利。事实上，海德上一次赢得冠军是 1994 年，我们在 13 个级别中只有一个冠军，而其他学校有四到五名冠军。不过虽然只有一个冠军，但我们的 13 名选手中却有 11 人都得到了至少第五名的最低得分排位。这样，我们的总分数就超过了其他学校。海德成了总冠军，体育馆里的所有人都感到惊讶，包括我们自己！这真的是团队的力量。

关键不是海德赢得了比赛。关键是海德瞄准了胜利，而不仅仅是尽力而为。多年来看着我们的队伍，我们知道教练对于最后一名和获得冠军的队伍都同样感到自豪。不过我们每一年都坚持以最终获得冠军为目标，这激励着队员。想想有多少次家长或老师说："我们不在乎你能做得多好，我们只在乎你有没有努力。"当我们这样说的时候，有时我们是在试图说服自己，就像试图说服孩子一样。（家长对家长说：你说的是真的吗？你真的不在乎他们表现如何吗？嘿，我们是家长，不是圣人。）事实上，孩子们听到的东西可能真的和我们所说的不同。经验告诉我们，他们听到的可能更像是："我觉得你做不到，所以我不想让你失败的时候感觉太糟。"

我们的摔跤教练们知道，当我们像对待冠军一样对待孩子，期望他们像冠军那样表现时，他们会觉得自己就像冠军，而不论结果如何。在我们的经历中，运动员和全校学生对于比赛的最终结果都感到骄傲。其实，关于海德摔跤有一种流传的说法，无论对手多么强大，他们都觉得和海德比赛时什么都有可能发生。海德摔跤选手已经建立起了一种声誉，就是从不放弃。看到孩子们有这样的声誉很令人振奋。同时，目标高远和沉迷于成功之间也有所区别。那就是为什么我们的家长或老师必须注意区分设定高期望和放手结果。不过，发展这一优先重点所能产生的强大力量值得我们付出努力。

海德摔跤项目 20 世纪 70 年代中期以来的建筑师加里·肯特，最近正式入选了缅因州摔跤名人堂。我们很骄傲名人堂希望在海德举办仪式，因为海德象征着最好的摔跤。我们请海德过去的摔跤手分享他们的轶事。许多前新英格兰冠军都感谢加里为他们所做的一切。我们最喜欢的一封信来自一个20年前参加过比赛却没有获得过冠军的年轻人。在其他学校，他可能就是被放弃的选手，不会让他参加运动。他是这样写的：

> 我最多算是一个普通的摔跤手，但在加里的帮助下，我成了最好的普通摔跤手。他教我吃什么，怎样训练。我慢慢接受了他对我们的投入，对摔跤的投入。对我来说，他是一个可以触摸到的“真正投入”的榜样。人生中第一次，我真正投入去做一件事。
>
> 如果你读过当代作家约翰·欧文的早期作品，就会有一种感觉，摔跤已经渗入了你的身体。不是每个人都有机会对于生活中的某件事情有如此热情。我有机会拥有了那种激情，那是加里给我的礼物。
>
> 当然，当时我没有意识到。当时真的太难了，有时我讨厌那一切。只有当我开始真正生活的时候，我才意识到自己得到了什么。我在大学摔跤，成了全队最好的普通摔跤手，也让其他人感受到了我从加里那里获得的礼物。

暂时离开这个故事一下，想想作者把他自己列为“全队最普通的摔跤手”。这个年轻人的自尊没有因为目标高远而受到损害。注意他的说法：“只有当我开始真正生活的时候，我才意识到自己得到了什么。”愿意牺牲短期的受欢迎而寻求长期的尊重，这位教练的教学非常伟大。他得到长期的尊重了吗？这个年轻人对加里的赞扬就是对这一点的证明。

加里一开始就教我们摆脱处于下风位置的技能。他把那叫作“哈哈”技能。你手和膝盖着地，然后做两个动作摆脱下风位置——第一，用一个膝盖顶起身体，用另一只胳膊肘支撑，摆脱对手的控制；第二，重复前面的练习，站起来——每一步都大喊“哈”。我们在闷热的摔跤室中重复这个练习 15 分钟，直到筋疲力尽。我能想象，观看训练的人看着一群人跳上跳下，喊着“哈哈”，肯定会想我们是不是出了什么问题。正是在这一训练中，我意识到只要能忘掉痛苦和疲倦，按照要求去做，我就能比自己认为的走得更远。我在大学摔跤时因为这个技能而出名，我还和队友分享了“哈哈”的秘密。

和许多人一样，我的人生也经历了一些非常低潮的时期。但这个“哈哈”技能让我在最糟糕的时候还能看到前方。痛苦的时候，你得振作起来，说“哈哈”。

谢谢你，加里！

瞄准高目标，并不能保证我们的目标肯定实现。不过，很多时候，我们最终会到达渴望的目的地。

表演艺术：从舞台恐惧到真正的自尊

表演艺术是孩子们可以学习设立高远目标的另一个领域。每年，一到两名海德毕业生都会进入大学学习表演艺术。多年后，许多学生回到学校，都会说表演艺术为他们成功的求职面试做好了准备，也是他们更好地了解自己的开始。下面的故事讲述了一个 14 岁女孩参加我们的表演社团的经历。在海德，表演社团可是被认为具有大学水准的艺术团体。当时（1990 年），我们在马萨诸塞州的斯普林菲尔德公立学校进行了一系列演出。下面是马尔科姆所写的每月简报中的内容，讲述了表演者的经历：

> "刚到海德的时候，我对表演艺术感到很紧张，有点像现在的感觉。"
>
> 苏·詹森在马萨诸塞州斯普林菲尔德的范·西克的初级中学舞台上时这样说。她代表演员讲话。所有人都能感觉到，那里的学生不像海德学校自己的学生那样配合。我们尝试让斯普林菲尔德的孩子们通过半个小时的演出了解海德的教育。观众们的情绪千差万别：希望、嘲讽、厌恶、怀疑、嘲笑。海德的表演者们本身也带着情绪，他们中的很多人是第一次出现在这种场合，在这里他们可变成了少数派。演出继续进行……
>
> 前奏一响起，观众就意识到苏要唱惠特尼·休斯顿的《无上至爱》。我们能感觉到斯普林菲尔德的孩子们活跃了起来。哈，我们今天可选对了歌。然后苏开始唱起来。我从剧场后面的高处看着观众的反应。
>
> 他们在笑。一些人笑得很厉害。
>
> 这些孩子想听惠特尼，但他们一点也不掩饰对苏的翻唱的嘲笑。这似乎不公平。此刻，我很同情那些在观众的嘘声中下台的表演者。我的保护本能被激发了出来。要是我的孩子在那里呢？为什么最小的演员得承受最大的压力？然后我的注意力转移到前面位于中心舞台的苏。她会有什么反应？

她唱歌。唱得更努力。

她就是唱歌，就像我们在学校教她的那样。她的坚持表达了我们想要对观众传达的东西。她赢得了他们。唱到第二段时，观众好像已经意识到："我知道了。重点不是要像惠特尼，而是做到自己的最好。想想吧，我唱得不像惠特尼。不过也许我可以做最好的自己。"

那是伟大的时刻。我们的孩子们尽力了：三天演了 12 场。我们告诉了斯普林菲尔德的孩子关于海德的一些东西。一个演员说这个经历可能也教会了我们更多地认识自己。

海德给每一个学生在同学面前独唱的挑战经历。（每一位老师也是这样，甚至家长也是这样！）我们都被期待冒险瞄准高目标。用一句格言来说就是：有时你需要爬上高枝，果实就在那里。

脆弱量表

很多次我们发现自己在幻想有一个假想的设备，马尔科姆称之为"脆弱量表"。在家长对我们给孩子设定的期望不认同时，我们便会陷入争论，这些幻想往往在此时产生。我们的立场是坚持强制性的运动政策，而家长则拿着医生开的证明，说他们的孩子因为受伤或是特殊的医疗状况不应该参加运动。在这种情况下，空气中充满着很多未能真正表达出来的情感。以下就是这种情绪，这些没有说出的想法在全国各地的学校都普遍存在。看看你能不能猜出谁带着这些情绪：家长还是校方。

- "这太搞笑了，孩子在搞到医生的病假条上花费的精力比用在学习上的还多。”

- “我听说他们去年让另一个同样情况的孩子参加比赛。结果是那个孩子打着石膏结束了赛季。”
- “这个医生太好说话了，孩子不想参加运动都找他。”
- “这个教练更关心获胜而不是我们的孩子。”
- “我猜医生更关心他自己的误诊责任，而不是孩子长期的品格培养。”
- “要是他们不把这个证明当一回事，我就去找学校董事会。”
- “如果我们认可这个证明，到下周就会有20多个同样的证明。如果我们不认可，你觉得她会不会去找校董事会？”

“脆弱量表”能够确定一个人到底有多脆弱。我们可以把电极连接到有问题的学生身上，得到读数，然后确定他的脆弱程度。当然，不存在这样的设备。因此，在如何看待对孩子的合理期望上，家长和学校将不得不继续通过协商解决他们的分歧。基于多年经验，我们提出了一个简单的建议：“我们不知道孩子们有多脆弱，不过我们肯定他们不像父母认为的那样脆弱。”我们说的“脆弱”，并不仅仅指身体健康方面，我们也指情感状态。孩子们的复原能力惊人，能够从挫折和失败中重新振作。家长不必担心对孩子的期待过高。

最近，马尔科姆陪一些高中生去西缅因州爬山。他们计划爬白山边缘四千多英尺的老斑点山。虽然还没有到需要专业工具的程度，但那条线路也有四英里陡峭的岩石、原木和树根。9岁的女儿知道了爬山的事，我们很惊讶她立刻被这个想法吸引了。说到女儿想去爬山，马尔科姆担心如果我们半途而废的话，马哈丽亚会觉得自己是个失败者。当马尔科姆还在想着可能的结果时，女儿问：“我能带一个朋友吗？”“当然，”马尔科姆说，然后开始考虑和两个 9 岁女孩被困在半山腰时的情况。

一个夏日的早上，9 点刚过，他们便开始爬山。爬了还不到五百英尺，马尔科姆就听到一个女孩说：“腿太累了。”虽然她们没有抱怨，马尔科姆对于这样的开端并不感到乐观。然后天开始下雨，还一直下个不停。马尔科姆想：“也许我们会看到远处的闪电。这样我们就可以回去，大家还都不会没面子。”他决定和她们聊天，好让她们不觉得无聊。没想到过了不多久，两个女孩竟开始和马尔科姆谈论起了筹码。她们提议：“既然我们来的路上都在听你们的 CD，这样如何？如果我们爬到山顶，回家的路上都听我们的音乐。”她们达成约定，然后向着山顶进发。

虽然马尔科姆希望爬到山顶，但他现在开始感到还是返回去要更好。她们吃力地向上爬，一次一步。三个半小时后，她们到达了山顶，俯瞰着山下的全景，湖泊、河流、缅因州和新罕布什尔州的滑雪路线，她们获得了极大的成就感。最终，她们是在所有高中生之前到达的山顶。当马尔科姆担心爬不到山顶时，这两个 9 岁的孩子一直在爬着。开车回家的路上听着小甜甜布兰妮和超级男孩，马尔科姆感到即使她们被迫返回，她们可能还会感觉良好。但她们却选择把目标定在四千英尺，这才是重要的事情。

对家长和老师来说，“瞄准高目标”和“放手结果”的挑战就像一种平衡游戏。“最艰巨的工作”工作坊提出的两个概念有助于澄清这种令人困惑的差别。那就是“一件事”和“努力储蓄银行”。

帮助我们瞄准高目标的两个概念

一件事

“一件事”是“每天完成而不是试着去做一件事”的简单说法。我们大多数人都想提高生活质量，不管是在家庭，还是在学校、公司。但太常见的情况是，我们只是满足于一个模糊的决定：“好，让我们一家人努力花更多时间待在一起吧。”当我们做出这些决定的时候，我们真诚地希望能够实现它们。不过其他一些需要完成的十分具体的琐事（比如，那些从早上 9 点到晚上 5 点、从周一到周五要做的事）侵蚀着这种决心，然后过不了几周，我们又会做出另一个模糊的决定。

“一件事”能让我们走在正确的道路上，能让我们把握自己的进步。在学校有麻烦的学生常常因为一些无法掌控的事情而精疲力竭：

- “我知道老师不喜欢我。”
- “我自己的名声不好。”
- “我落后太多了。”
- “我就是没有这个东西。”

学生往往关注的是他无法完成的事情。我们会问这个学生：“你能控制老师喜不喜欢你吗？”在得到正确回答“不”之后，我们又问：“你能做到上课早来 5 分钟，晚走 5 分钟吗？”在我们得到正确回答“是”之后，我们就达成了对于“一件事”的一致意见：“我每天应该做的一件事就是早来 5 分钟，晚走 5 分钟。”另一个解决同样症状的处方是，“我每堂课至少举两次手。(一次问问题，一次提出建议。)”“一件事”不关注通往目的地中的障碍，它有助于我们思考哪些具体步骤可以开始把我们带到那里。

马尔科姆记得在执教女子足球队时运用过这个概念。几场比赛之后，他分析了球队的表现和统计数据，开了一次队会。一个女孩子射门总是擦网而过，他对她说：“每次训练前练习 20 次射门，那就是你要做的一件事。”另一个学生会被要求训练前练习 20 次头球，还有的可能是 20 次角球。随着选手们开始赞同这一做法，在队会上定期讨论这个概念就很习惯了：“我最近错失了很多进球机会，我想我需要在训练前练习射门 20 次。”“萨莉，也许你要加强投掷界外球的训练。”我们做记录，每个球员都对自己的进步感到自豪，不再纠结于自己的缺点。真正的“一件事”不需要公开说出来让所有人听到。

“一件事”说：“点蜡烛要比诅咒黑暗好。”面对困难的挑战时，只看到眼前的障碍有多大可能会让我们看不到可以从哪里开始行动，而只有行动才能让积极的苗头出现。

还是小男孩的时候，暴风雪后马尔科姆的工作是铲掉家里步道上的雪。他记得妈妈的建议：“马尔科姆，永远不要看前面，就看脚下，一直铲。然后过一会儿看看身后，欣赏一下自己完成的工作。”“一件事”教给我们不要盯着前方的困难。相反，要关注我们现在能做些什么。不管怎样，无论是像马尔科姆一样手里拿着铁锹站在门口、艰巨任务在前头等着，还是重新开始认识自己，我们终将会到达目的地。

努力储蓄银行

毫不夸张地说，马尔科姆是在布鲁克林地铁站台上被这个概念绊住了脚，那时是1986年，他参加纽约马拉松比赛，但在跑了13英里后退出了比赛。从很多方面来看，那都是糟糕的一天，不过跳出失败，却有了宝贵的发现。“努力储蓄银行”背后的概念很简单：我尽的最大努力，或是帮助别人做最好的自己所付出的努力，都进入了一个想象中的储蓄银行，在那里产生利息，未来会回报于我，甚至可能是在我最想不到的时候。

下面的故事来自马尔科姆的个人日记，是在他完成了自己的第一次马拉松之后不久写下的，距离他放弃布鲁克林那次比赛已有一年时间。他认为，自己在第一次马拉松付出的努力在第二次的时候有了回报。他说：“即使我错了，也知道这样想并没有坏处。”这里是故事的节选：

> 我努力跑过18英里标志。我很累，可是我知道从那里开始的每一步都会是我个人的最好成绩，这让我信心倍增。以前我从未跑完过18英里。从那时起，我知道每一步都会是我跑得最远的一步，我很满足。和两万五千名选手一起跑步令人兴奋。也正是那时，我发现了个人马拉松的关键。
>
> 拓展训练学校的创立者库尔特·哈恩曾说：“你的残疾是你的机会。”参加纽约马拉松比赛的有很多残疾选手，他们在追寻马拉松提供的机会中表现出来的勇气极大地激励了我。我看到：
>
> - 许多坐着轮椅的参赛者。
> - 一位双腿都装着假肢的女性在第一大道艰难前行。
> - 一位一条腿是假肢的男子，那条假肢上还穿着鞋。
> - 一位盲人拉着志愿者的手向前跑，跑完一段又有另一名志愿者换上。

- 一位越战中失去下半身的男人从清晨5点就开始比赛。他戴着厚厚的手套，用拳头“跑步”。四天后他完成了比赛，纽约马拉松的官员在终点线那里迎接他，给予他和其他所有完成者一样的尊重，不多不少。

在韦拉札诺海峡大桥终点附近的地方，我看到了第一个坐着轮椅的选手。我很惊讶地看到其他选手，可能是一些马拉松老手，都在为这位女士让路加油。我想知道他们这样耗费力气是不是在犯错误。几小时后我明白了，情况完全相反：他们在为自己的马拉松投资。

随着比赛继续进行，我不断对健康人和残疾选手之间的融洽感到震惊。显然，为轮椅选手加油的选手是比赛中更为自信的参赛者。我想：“我是不是错过了什么？”然后我明白了，一般选手和轮椅参赛者相互之间给予着能量。那些坐轮椅的选手好像胳膊动得更快了，其他选手好像也有了更大的决心。

健康选手们似乎在鼓励说：“我尊重你。其他人已经成功做到了你正在努力的事。坚持下去！”这种鼓励对于残疾选手的努力是一种肯定，而这种相互给予的力量也对健康的选手产生了不可估量的价值，他们也受到残疾选手勇气的激励。这些残疾参赛者好像在说：“如果我能推着轮椅向前，你当然可以用腿完成。”好像两者之间形成了一种信任的纽带。

当我跑上第一大道时，我心想：“入乡岂能不随俗……”这样，我开始鼓励别的跑步者和轮椅参赛者。我看到一位用假肢蹒跚而行的女性，暗暗下定决心自己要为了她完成比赛。同时，我也说了鼓励的话。我相信我们帮助彼此完成了比赛。

许多其他跑步者都讲过类似的故事。我的一个学生肯第二年参加了波士顿马拉松，那是他第一次参加马拉松比赛。他的信心和双腿在接近 17 英里的时候都开始踉踉跄跄。就在他要放弃的时候，一位年长的选手看透了这个 18 岁年轻人的心思。他说:“你不放弃的话，我也不会放弃。”丰富的经验让他能够感受到年轻同伴正在经历的艰难。他们一起跑过威尔斯利学院和牛顿商学院，每半英里就用简短的话互相鼓励。离终点 4 英里的时候，长者对肯说:“我得放弃了。你自己跑吧。为了我们两个完成它。”肯明白了长者的用意。他含着眼泪，最终跑过了普鲁丹特中心的终点线。遗憾的是，他再也没有见到自己的精神导师。

“努力储蓄银行”的概念可以把我们从对努力未必有结果的担忧中释放出来。我们只要投入即可，相信好事终会发生。如果我们努力却失败了，我们会想象自己的投入在未来的努力中实现。如果我们成功了，我们认为成功部分来源于我们可能已经忘记的过去的努力——这么想并没有坏处。“努力储蓄银行”让我们在生活中更有力量，也为无数孩子和家长增添了价值。

我们从四年级女儿的经历中看到了它是怎样发挥作用的。我们镇上所有四到六年级的孩子都被邀请参加篮球队选拔。作为一个篮球小镇，很多女孩子都报了名。大家普遍认为，五年级生入选已很不简单，何况是四年级生。我们也觉得女儿选不上，开始担心她会因此而感到沮丧。那时，我们开始在家讲一句格言:“我们总是参加，我们永不放弃。”

选拔赛举办的体育馆里满是兴致勃勃的孩子、记录成绩的教练和紧张的家长。我们非常自豪马哈丽亚自始至终都很努力。虽然未能入选，但我们告诉她，她的态度和努力给我们留下了深刻印象。显然，她不感到难过。相反，一天的活动和知道自己尽了力激发了她的自尊。如果故事就这样结束了，可能只会增加又一个设定高期望的趣闻。不过，故事的结局更好。

几星期后，我们接到了当地一位父亲的电话，他在组建自己的球队。他给当地的高中教练打电话，问他是否知道适合的女孩子。教练记得马哈丽亚早前选拔赛的表现，推荐了她，说她非常积极，肯努力。女儿加入了这支新队伍，有了从事她所热爱的运动的一次很好的经历。在她的例子中，“努力储蓄银行”为她所付出的努力直接支付了利息。虽然她可能觉得这次新机会只是个巧合，可我们知道，要是不参加选拔赛她根本不可能接到电话。这是当我们采取“设定更高期望，放手结果”的优先重点时，“努力储蓄银行”才会发生的事情。

作为老师，我们发现青少年会很快接受“努力储蓄银行”这个概念。在学校的集会上，我们问：“有没有什么时候你付出了最大努力，却没有好结果？”孩子们会举起手，说出下面几个例子：

- 我熬夜复习考试，却考了不及格。
- 我努力想要加入球队，却被拒绝了。
- 我记住了学校话剧表演的所有台词，却是别人得到了角色。
- 我鼓起勇气约一个女孩，却被她拒绝了。

然后，我们会问：“有没有什么时候好事情真的发生在你身上，而你明明没有付出努力？”学生们可能这样回答：

- 我随便写了篇学期论文，老师却说太棒了！
- 整场比赛都没有进球，最后几秒我传了个长传球，球却进了，我们赢得了比赛。
- 我试镜一个小角色，导演却让我演主角。
- 我正坐在电话旁不知所措，心仪的女孩却打电话约我出去！

对于一些回答我们忍俊不禁，然后我们问：“有些希望，你努力了，却没有回报，现在我们把这些好运的例子看成是前面努力的回报，这样有问题吗？”他们似乎明白了我们的意思。海德学校一个很受欢迎的说法反映了这种想法：“越努力，越幸运。”“努力储蓄银行”可以帮助孩子们怀着积极的态度树立远大的目标，并真正付出努力。

“一件事”和“努力储蓄银行”的概念可以帮助我们坚持不懈。而且，它们的价值不限于青少年。一位海德的父亲谈了他青少年时期的“真相时刻”，让他学到了永不放弃的价值：

> 关于结果有一件事是，我们从来都不真知道结果是什么。我们可以认为，如果这样做，会发生什么，不过我们永远都不会知道我们期望的结果是否会真的发生。我想起了一件事。我上初中的时候，是一个乖孩子，玩乐队（不是说乐队不好），做事不太坚持。最后我决定改变一下自己的形象。有一天，广播里说橄榄球选拔赛正在招聘选手，我有了答案。第二天，公共汽车会把任何想要去体育馆训练的人带到那里。我想，这就是我想要的。于是我去报了名，还参加了整个春季的训练。我记得训练开始时，坐车的有40个孩子，但到春季末时只剩下了8个人。我不高，也不壮，常常被

撞倒。当然我不习惯受到这样的待遇。

夏季训练在六月份开始，七月份我们就戴上了头盔训练。八月每天去两次。我尽了最大努力。我们的教练定下规矩：没有人会被开除出队。如果坚持下来，就会得到运动服。于是整个夏季训练我们都拼尽全力，但那真是让人备感折磨。一天早上醒来，我对自己说："我不需要这样受折磨。我做不到。我要放弃。"于是我下楼告诉爸爸。爸爸什么也没说。我们一直和其他人拼车。爸爸说："今天是我开车，我不能丢下这些孩子不管。你得和我一起坐车，把他们带到球场，告诉他们以后就没有拼车了。"

于是我们开车去了学校（我什么也没说），车门开了，大家都跳下车。我坐在前排。没有人说话。朋友们只是看着我，关上车门，走了。就在门关上、我们开车离开的那一刻，我知道这个决定是错误的，我不想放弃。那是真正的挣扎，但我太顾及自己的面子，我无法说出："停车回去，我错了。"于是我们开车回家，我在家坐立不安。一个小时后，电话响了，是防守队员教练。他说："你病了吗？"我说："没有，教练，我觉得橄榄球不适合我，我不想再踢了。"（我还是不肯松口。）他只说："我想如果你坚持，队伍里会有你的位置。"那正是我需要的突破口。

我冲下楼，让爸爸带我回去训练。到了那里，训练已经结束，大家都换好了衣服。教练奇怪地看着我，不过没有人说话。我想他知道发生了什么。

今天再回想那一天，我想到了那位教练。如果他今天还在世，我肯定他不知道那是我人生中最关键的时刻。如果我说过放弃，在家再待上三个小时，最后真的放弃了，我以后的人生道路就会完全不同。在我看来，我可能是那种可以踢球但也会选择放弃的孩子。是教练的坚持让我继续了下去。我们只是不知道结果。那就是为什么不断让自己坚持下去很重要的原因。

设定高期望同时放手结果是我们作为家长必须努力完成的最艰难的一种平衡。为了从正确的地方起步，我们很可能需要看看自己在原生家庭的经历，因为我们不可避免地会把这些经历带入自己培养孩子的行为中。一位母亲这样说到她原生家庭中的那些期望：

> 我年轻的时候，总是想要凡事做到最好，如果做不到最好，我就不会去做。结果总是唯一重要的东西。因此，我有这些高期望，不过如果它们最后不能让我感觉良好，我就觉得自己是失败的。这种想法破坏了我的个人生活，因为如果最后结果不好，我的感觉就会很糟糕。现在我学会了，如果不能对孩子放手结果，那就真的是在让他们自我毁灭。

也许如果我们给孩子树立放手结果的榜样，孩子们也会这样效仿我们。

家庭练习和活动

努力银行

材料：鞋盒（上方留个小口）、白纸条、铅笔。

时间：30~60 秒进行储蓄，盒子放置几周到几个月。

说明：参考关于“努力储蓄银行”的说明。在鞋盒上写下家庭成员的名字，把它放在家人经常出入的地方（厨房或客厅）。让家庭成员每努力一点就写一张储蓄条子。比如：

- 尝试加入运动队
- 学习新技能（电脑、左手洗牌）
- 接触难以接触的人
- 在人多的场合发言
- 唱歌
- 学习跳舞
- 锻炼身体

在盒子放了一段时间之后，打开，一家人坐在一起谈谈付出的努力。一些可以思考讨论的问题有：

- “那个努力产生了什么结果？”
- “当时你感觉如何？”
- “现在感觉如何？”
- “尝试新事物难不难？”

一件事

材料：一张纸、笔、胶带。

时间：10分钟画出图表，每周或每月检查。

说明：让每一个家庭成员想一件他们每天会做而不是尝试去做的事。

在图表里写下每一件事，把它贴在冰箱上。你也可以在浴室的镜子角上贴上更小的卡片。然后每周或每月和家里人一起看看。让每个人说说自己的那件事做得怎么样。如果没有做，是为什么？你可以给按照计划做那件事的家人一次特殊的晚餐或是活动作为庆祝。可以做的“一件事”有：

- 每天走路 / 锻炼 30 分钟。
- 每天和家人说话 5 分钟。
- 每天给朋友写一封电邮或信。
- 花 5 分钟了解一下时事。
- 每天静坐沉思 10 分钟。
- 每天罚球 50 次。

每天要做的一件事需要不断变化和更新。选简单而可行的事情，但是每天坚持！

家庭达成项目

材料：每一个具体目标所需用品、照相机、剪贴簿。

时间：依项目而定。

说明：一家人坐下来，谈谈家里每个人尽最大努力可以共同做些什么。一些例子是：

- 在救济厨房帮一天厨
- 帮助邻居老人清理庭院

- 全家人学习如何跳舞（迪斯科、舞厅等）
- 一家人学习另一种文化
- 爬山

这里的关键是设定的目标要让家人超越自己且彼此监督。做这些事情，可能一些人会比别人难，但不要有人觉得非常轻松。然后明确具体该怎样进行。（你可能觉得开始时一天完成一个项目会更加容易。）让某个家庭成员拍照，另一个人记录项目实施过程中家人说的话。把照片和记录的文字做成家庭相册，放在咖啡桌上日后翻看。

注意：不要在意项目的结果。结果可能好，也可能糟，但如果瞄准高目标，所有人都会从中不断受益。

日志问题

1. 在我孩提时代的成长阶段，我的期望是什么？

2. 谁是我生命中要求我做到最好的人？当时我感觉如何，今天对此感觉如何？

3. 描述一个自己成长阶段有关设定高期望，追寻某些东西的事件（或时期），后来发生了什么？

4. 我是个孩子的时候，有没有放弃过某样东西？说明一下。

5. 今天我的家庭期望是什么？我们多大程度上要求彼此做到最好？

6. 对自己生活中的其他人（例如同事、朋友等），我要求他们做到最好的自己时，和对自己家人的要求有没有区别？

7. 对我来说，对自己放手“结果”有多难？对孩子放手呢？

8. 描述一个我对自己或是对别人“提高了标准”的时刻。发生了什么？我感觉如何？

9. 为自己设定一个更高期望，我最害怕的是什么？

10. 我什么时候受到了努力实现高期望的激励？

优先重点 5　成功失败都有价值

“人们评价一个伟大球员，关注的不是他的赢输，而是他如何投入比赛之中。”

——格兰特兰德·赖斯（Grantland Rice）

这个优先重点与前一个密切相关。如果过度关注结果，我们就不能认识到失败的价值。虽然生活必须往前走，可只有回过头才能理解它。只有在尝试了用相反的方法教育或培养孩子之后，我们才能理解本书中的许多概念。毕竟，我们大多数人都不想失败。而且，我们对于失败一开始的反应总是悲伤和失望。我们常常需要时间理解失败的价值。马尔科姆下面所写的是他作为一个年轻教练是怎样认识到“成功失败都有价值”的：

早年做教练的时候，我过于在意队伍的输赢成绩。我记得带着13胜2负的女子篮球队参加新英格兰巡回赛。第一轮，我们遇到了劲旅菲利普斯·安多弗学校队。裁判开球后，不多一会儿我们就落后了15分。她们好像在场上比我们多了一个人。无奈之下，我们只能在进攻时采取“远投”的策略。我永远也不会忘记我不断要求暂停时队员们脸上的表情。那表情似乎在说:“情况怎么变了，教练？我们知道赢的时候怎么打，输的时候就不知道了。我们真的永远也不明白。”

那场比赛的情况始终没有好转。我们根本没想到这么早就会打道回府，此时，我开始重新思考那个赛季我们的状况。很快我就意识到，问题的很大一部分在于我自己。我太在乎输赢了，我以13胜2负为荣。事实上，赛季末我们还战胜过那两支曾经赢过我们的球队。这样，在进入巡回赛时，我们可能是唯一一支可以夸耀说自己打败过每一支球队的队伍。然而现在，我们在第一轮就回家了。我很快明白了，是13∶2的成绩害了我们。如果之前和几只强队较量过的话，我们的缺点就会暴露出来，我们可能会打得更好，而不是到巡回赛时问题才显露出来。

对于成功的关注从过去到现在一直都深深扎根在马尔科姆的心中，就像它一直在我们的文化中一样。说得讽刺一些，只要以正确的态度看待，这种对于成功的关注也是美国社会结构最大的优势之一。（这就像重新骑上把你摔下来的马是一回事，而开始调整计划，永远不要再骑上把你摔下来的马是另一回事！）对马尔科姆而言，他花了好几年才明白了这个道理。因此，他开始构想理想的赛季计划，他称之为“三分之一赛季”：

三分之一的比赛期望获胜；

三分之一的比赛想着会输；

三分之一的比赛输赢各占 50%。

渐渐地，马尔科姆的期待开始变化，他想看到队员们在应该取胜的比赛中会如何尊重对手，他想看看她们在处于劣势时如何保持镇定，他想看看在势均力敌的比赛中全队如何集中注意力和坚持运动精神。马尔科姆最早指导过的学生现在已经 40 多岁了。他们见面谈到过去的时候，很少提到输赢成绩，他们谈的更多的是在比赛困境中学到的经验。输赢的结果早被忘记，这些经验却经受住了时间的考验。这正体现了格兰特兰德·赖斯话语中的智慧。他是对的。重要的是你如何投入比赛之中。我们从失败中学到的东西的确要比从成功中多。如果真是这样，那让家庭教育和学校教育与此智慧同步为什么这么难呢？也许是因为，我们一只脚站在“成功文化”中，另一只脚站在“品格文化”中。你的脚站在哪里呢？

在前一章中，我们注意到原生家庭的经历是如何影响我们设定期望和放手结果的。同样，这种机制也可能影响我们对于成功和失败的看法。一位海德的母亲写道：

父母想要保护我不遭受失败。一切都安排就绪，你不能犯错。你不能自己弄清楚该怎么做。我还记得很小时候的一件事。我想搭一个鸟窝。我告诉了爸爸，他听完很兴奋。他没有儿子，不过他和我也相处得很好。于是，我们冲到五金店，他买了所有正确的东西，我们回到他的工作室，我不得不看着他建好整个鸟窝——因为他只想着做对的事情。他想造完美的鸟窝。面对自己的孩子我多次想起这件事：我可不想为他们建造鸟窝。

现在，让我们重申一下本书的核心主题：我们必须理解自己的成长，在此基础上我们才能重新认识自己的家人。有时这种理解可以帮助我们超越源自童年时期的心理障碍。一位海德的母亲写道：

> 我的家是如何对待成功和失败的呢？回家后父亲从来不看我在学校学到了什么。他总是看我做错了什么。我想我把这一点延续到了自己的孩子身上。这么做是出于爱，但却不会帮助我们成长。

另一点值得注意的是，我们的工作经历可能会深刻影响我们对成功和失败的认识。这种方式在本书开头的“我是谁？”练习部分已经讨论过，当时我们是在对比“成功文化”和“品格文化”。海德的一位父亲写道：

> 对我来说，同事的评价真的很重要。我的职业生涯中有好几次，自己的重要提议没有得到支持，还有几次类似的情况。对我来说，这非常痛苦，让我不知所措，我花了很长时间才恢复过来。经历了这么多，我觉得自己才慢慢学会了怎样面对失败，并从失败中学习东西。失败让我进入了可能以前从来不会进入的方向，尽管当时是那么困难。

我们最常看见的一个倾向就是，父母在家和工作场合有着两张面孔。他们在工作中按照“成功文化”的期待做事（一位朋友把那叫作“永远的游戏脸”），而一旦进了家门，却想要卸下伪装的面具，以反映“品格文化”。孩子们很明白这一点。

海德学校请了很多刚刚从美国最好大学毕业的老师。在一次工作面试中，一位荣誉毕业生这样说：

> 我觉得自己有点受骗了。16 年来我做了所有他们让我做的事情。为什么我的自我感觉没有好一些呢？我记得学校顾问对我使眼色，鼓励我放弃一门具有挑战性的课程，因为这个课程可能会拉低我的平均分。当时，我兴奋地接受了他的建议。今天，我发现自己在想，要是坚持上那门课程，就算是痛苦，是不是也会更好？毕业时，我的成绩不错，但内心却充满了不安的自我怀疑。也许有一份不太稳定的成绩单，但却知道自己坚持不懈感觉会更好。为什么没有人建议我那样做呢？

这个女生，还有像她一样的许多人都慢慢意识到（通常是毕业后），他们经历的教育对于认识失败毫无用处。是的……失败。任何人一开始都不会想着要失败，不过失败却是每个人都会经常碰到的结果，特别是学生。虽然我们大多数人嘴上常说从失败中学到的比从成功中多，却很少有家庭和学校真的愿意接受这个事实。太多的学生都被鼓动避免可能会带来失败的情况。又一次，“能力文化”最终驱逐了对于失败价值的认识。

我们和一位优秀的高中毕业生聊天。他曾作为学生代表站在所有高中同学面前，介绍自己获得优异成绩的策略。他谈到自己如何精心选择那些知道会成功的课程，而避免那些可能会影响平均分的课程。但他说自己并不以这些方法为荣，他说相比高中，自己愿意在大学里尝试展现更多的勇气和真正的好奇心。这个学生行为背后的动机是什么？

他经历的是一种旨在培养品格和才智的教育，还是一种满足成人期望的教育呢?

给家长和老师们的一个新观点

我们认为是时候提倡一种家庭培养和学校教育的新观点了。也许对于态度、努力和品格的重新强调会产生新的家庭、学校、社区，最终产生一种全新的文化。不论如何，有了这些重新调整后的优先重点，学校和家庭无疑将更加健康。而不论怎样对学生进行划分，“天分文化”最终会让所有学生受到损失。

在教学和家庭中真正做到“态度比天分更重要”之前，我们必须意识到并思考一下与此完全相反的旧有习惯和广泛流行的文化。我们认为，美国学校和家庭陷入了把才华视为一种成功手段的境况。本书十个优先重点的设计是为了帮助我们跳出这一模式，帮助我们从过分关注才华到重视品格，从过度强调成功到看重真正的成就。许多家庭和学校都深陷“才华 / 成功”的陷阱之中却不自知。想想父母们虽然带着最好的愿望，却还是常常说着下面的话以激发孩子更好的表现:

- “只要你尽最大努力，我不在乎你的分数。”
- “只要你高兴，做什么工作都行。”
- “你很聪明，就是没有好好学。”
- “如果你努力，就能做想做的任何事。”

就像本书前面说过的，我们打破了传统的说法，认为最后一句话并不正确。我们甚至认为这样的说法弊大于利。这样说是想鼓励孩子们在当下更加努力，但却没有告诉孩子们，生活中存在着不可避免和令人不快的挫折，在通往命运道路上我们可能会遇到困境。这样说未能鼓励孩子们追寻生活或是不同于我们为自己安排的命运的更深层意义。下面是马尔科姆讲述的我们 20 世纪 80 年代早期教过的一个学生的故事：

史蒂夫

史蒂夫作为奖学金项目参加者从华盛顿特区来到我们学校，我们和“男女生俱乐部”一起开展了这个项目很多年。他是个非常严肃、礼貌、认真的年轻人，从一年级第一天起就是如此。我认为他是 80 年代我们学校最刻苦的学生之一，简直就是我见到的最刻苦的学生之一。他也是特别有天分的篮球选手。和我们在一起的那些年，我们的篮球队是新英格兰预备学校最好的校队之一。我们的一些学生后来拿到了全额奖学金继续打全国大学比赛。史蒂夫从一开始就以此为目标。他课堂学习也很努力，达到了顶尖大学录取的学业要求，在我们的篮球项目中也没有一个运动员比他更努力了。

直到今天，我可能还会认为他是海德有史以来最专业、最好的篮球选手。他有一种惊人的宽广视野，因为他也是一流的橄榄球四分位选手，习惯了在压力中寻找空位的队友。他也是无私的队员，投球前会看着机会传球。他是教练的理想球员，有着无可挑剔的运动精神，永远不失冷静，总是在比赛最后几分钟控制比赛。他也有一个明显的缺点：他只有五英尺九英寸（一米七五多）高。如果你懂篮球，就知道各大球队没有多少这么高的队员。无论如何，史蒂夫在队友们获得大学奖学金时祝贺他们，他也焦急地等待着自己心愿得偿的那一天。

没有人给他提供奖学金。南部一所大学的教练给了他一个上学的机会，邀请他加入校队，教练想把校队建成一支“往前走”类型的队伍。（这个邀请带有很大风险，所谓“往前走”的队伍是指如果成功组队就会带来经济支持。而如果没能成功组队，牵头组队的人就得承担全部经济负担。）没有别的选择，自己也没有钱付学费，史蒂夫决定接受邀请。他去了那所大学，加入了篮球队，并在队中尽力表现。虽然如此，他还是很少上场，更多时候是个板凳队员。在一年的时间里，他竭力不让自己失望，始终坚持自己一贯的职业道德。但情况并未好转。他不想让梦想落空，于是又转学到了西海岸的一所大学，另一位教练给了他同样的邀请。又一次，他接受了挑战，努力，组队。又一次，他发现自己还是板凳队员。

待了整整一年后，他诚实地总结了自己作为篮球手和学生的现状，得出了一个简单却与梦想不符的结论：“也许那不是我该做的事情。”考虑到史蒂夫在他的“努力储蓄银行”里巨大的投入，不难想象他得出这个结论有多么艰难。

史蒂夫决定把努力从篮球场转移到课堂，他要成为一名尖子生。结果是：作为全班的优等生毕业以后，他在哈佛大学商学院获得了工商管理硕士学位，还曾在麻省理工的斯隆管理学院深造。今天他是一位成功而受人尊敬的华尔街分析师。

所以，只要付出努力就一定能成为你想成为的人吗？史蒂夫很想成为大学篮球队的选手，无疑也为此付出了极大的努力。不过他没有实现目标。现在，再看看吧。虽然史蒂夫没有实现原来的梦想，不过和他一起打球的大多数球员今天都很愿意和他互换位置。虽然没有实现目标，史蒂夫在命运的道路上却不是个失败者。

马尔科姆对许多学生都讲过史蒂夫的故事。其中传达的信息很简单:即使你尽了最大努力追寻梦想，也不能保证它必然实现;能保证的是，途中你肯定会经历失败。然而，你可以相信，这些失败将会带领你到达你想去的目的地。你会过上一个令人兴奋而充实的生活。这就是前一个优先重点中所说的“努力储蓄银行”的奇迹。史蒂夫经历了一些非常困难的时刻，常常想着放弃。最终他把职业道德从篮球转到了学习上。他开始储蓄，重新在单独的账户里投资。他瞄准高目标。他付出了代价，他必须忘掉自己原先想要的东西，从而和自己的命运发生联系。

这样，我们也许可以按照下面的说法修正早先的论述：如果你付出努力，你将最大化与命运发生联系的机会，发现生活更深层的意义。

在能够让孩子们冒失败的风险以前，父母们必须愿意为孩子们做出表率。一位母亲写道:

> 过去十年，我都是手中握着热热的咖啡杯等待家人从山上滑雪回来的那一个。最近我学会了直面自我，我不滑雪的唯一原因是害怕，和寒冷或没有运动细胞、年龄太大或太胖没有关系。阻挡我的只有恐惧。去年冬天我上了几堂课，今年冬天又上了几节。我刚刚从犹他州我曾见过的最高的山上滑雪一周回来。
>
> 确实很难，因为我年龄偏大，体型很胖。天生没有运动细胞这一事实意味着我得更加努力。有时感觉是折磨，不是快乐，而且害怕一直存在。我不断告诉自己，我的中年危机是在一个困难、折磨而痛苦的方面挑战自我。现在经过努力，我有了一种骄傲和成功的美好感觉，那种感觉持续了很久。好的感觉超过了害怕。

再说一点对自尊的崇拜

瞄准高目标和明白成功失败都有价值不只是提出建议。我们认为，不尊重它们会比单纯的错失机会代价更大。如果不能瞄准高目标，我们就会有成为狂热崇拜自尊的牺牲品的风险，就像本书前面说过的。马尔科姆 1998 年在一所高中的开学典礼讲话中解释过这个概念：

> 教育家经常问的一个问题是：孩子们和过去相比是有些不同（“不同”我解读为：更差）吗？我也不知道答案，不过我对此表示质疑。可是，我的确相信孩子们受教育的方式不同了。我觉得，和孩子打交道的那些人，学校、老师、家长已经掉进了我所说的“对自尊的崇拜”之中而不能自拔。我怀疑那是来自于对 70 年代早期价值观的强调。无论如何，这种教育方式似乎在说：如果我们让孩子自我感觉良好，他们就会做伟大的事情。我们在海德的办法是从显微镜的另一端来看这个问题：如果孩子们做了伟大的事情，他们就会自我感觉良好。前者把自尊看作是与生俱来的，想要就有。后者把自尊视为后天取得的，只有努力才会有。如果用破损的车轮比喻为什么停滞不前变成了一种文化，我觉得，“对自尊的崇拜”直接导致了今天学校的许多具体问题，如吸毒、逃课、考试作弊、枪支和暴力。如果自尊可以轻易获得，它也很容易被带走。而另一方面，当自尊通过行动获得时，虽然可能更难获得，但永远也不会被带走。

自尊是一个值得赞赏的目标。学生从学校毕业时应该具有健康的自尊。家长和老师们应该努力培养学生的自尊。不幸的是，自尊被许多声称培养它的人弄得非常廉价。我们不认为自尊是学生和孩子生命中的激发力量，而是把它视为未达到期望或是消极行为的根本原因。比如，对一个失败的孩子，我们通常的反应是“他有了自尊才会成功”。我们可能不会惩罚另一个“行为不端”的孩子，因为不想伤害他的自尊。让我们把自尊视为一种宝贵的品质吧，把它看作一种稀缺的由态度、性格、良知、努力组成的综合体。自尊当然不是随便获得的。不过，任何愿意付出代价的人都能获得它。这种代价包括“瞄准高目标”。当我们放手结果的时候，那种代价会更容易付出。

家庭练习和活动

“成功与失败”写作练习

材料：纸、笔。

时间：20~30 分钟写作，20~30 分钟分享讨论。

说明：让每一位家庭成员完成练习，带到下一次家庭会议上。

- 过去一年，你最大的成功是什么？请说明。
- 过去一年，你最大的失败是什么？请说明。

（小孩子写几句话就可以，其他人需要写两到四个段落。）

一家人坐下来，分享所写内容。你们可以仔细评论每一篇文字，说说为什么成功和失败是生活中重要的老师。把所写的东西收起来一段时间（六个月到一年），然后拿出来再讨论。家庭成员对于成功和失败的感觉是否会有所不同?

“成功/失败”拼贴画

材料：杂志、报纸、剪刀、胶水。

时间：30~60分钟。

说明：把全家人分为两组。第一组制作关于媒体和社会如何描述“成功”的拼贴画（比如，香烟广告表现吸烟人士的成功形象：“抽支烟，香车、美女属于你。”）。第二组制作关于媒体如何描述“失败”的拼贴画。让孩子说明他们所理解的成功和失败。然后把画挂起来，谈谈我们所处的成功文化，即失败不被看好，成功常常用最终结果来定义。谈谈这种想法，即唯一真正的失败是不去尝试，通常我们认为的某个时刻的失败，最终可能会为我们打开另一次机遇的大门。

时间线

材料：纸（长电脑纸最好）、家庭照片、马克笔、胶带。

时间：30~45分钟。

说明：这是一个很好的家庭练习，甚至可能成为家庭历史的一部分。在纸上从中间画一条线，把纸分成上下两部分。上半部分写下“真相时刻”“重要时刻”“高潮和低谷”。你可能也想附上表明特定时期或是某个事件的家庭照片（把这些照片贴到时间线上）。这样的一些时刻包括：

- 搬到新的地方
- 参加运动队选拔赛
- 第一次约会

- 某个意外事件
- 有了孩子
- 家中有人去世
- 夏令营

在纸的下半部分列出你当时的感觉。可以是对于特定事件的感觉，也可以是当时对于生活的总体感受。把写好的纸挂起来，和家人分享。（小一些的孩子经历相对较少，不过还是有重要的时刻可以分享。）你甚至可能想要创造某一个时刻的“家庭时间线”。

日志问题

1. 我成长过程中是怎样对待“成功”和“失败”的？
2. 我童年时期有哪些重要的“成功”？说明一下。
3. 我童年时一些重要的“失败”是什么？说明一下。
4. 今天我对于那些经历感觉如何？
5. 我对于自己儿时的成功感觉如何？
6. 我怎样应对童年时的挣扎或失败？
7. 我是否曾经想要解决孩子可能的失败会带来的后果？
8. 今天在家中我如何对待“成功”和“失败”？
9. 孩子是不是曾经看到过我做什么事情失败了？说明一下。
10. 我怎样帮助家人理解对于“成功”和“失败”的长期看法？

优先重点 6　让障碍成为机遇

面对艰难，我们常常会盼望环境会有所改变。本章的优先重点建议我们，应该盼望自己看待艰难的态度有所改变。

我们所有人都会遇到个人、事业和家庭中的艰难时期。面对艰难，我们常常会盼望环境会有所改变。本章的优先重点建议我们，应该盼望自己看待艰难的态度有所改变。刚成为父母的时候，我们许多人都有一种对于家庭生活应该是什么样子的理想愿望。我们想象的是贺卡上生动描绘的样子，一群紧密联系在一起的人带着阳光灿烂的笑容、伴着激动人心的背景音乐平安稳妥地过着日子。为了让家庭沿着那条想象的黄金大道一直向前，生活的障碍在某种程度上很快被屏蔽掉了。

最近，劳拉和一个老友聊天，老友的孩子已经有了自己的孩子。说话中她们提到了有人的孩子在成长中的挣扎，劳拉的朋友说："我很幸运。我的孩子从来不给我惹麻烦。"劳拉几乎无意识地赞同着点头，好像在说："多棒啊！"但后来她想：真的是那样吗？如果是真的，她真的幸运吗？对身处其中的艰难轻描淡写，是我们所有人都有的想法。想想那些追求骨感的模特，她们总是随口就说："我吃汉堡、薯条，还喜欢香蕉船。”是的。可事实也许更接近于：为了保持苗条，她们一直超负荷工作。我们可能都不在意这一点。因为某种奇怪的理由，我们的社会认为，不劳而获的成果值得羡慕和赞美。

在“最艰巨的工作”工作坊中，我们让父母说出听到“障碍”这个词会想到的东西。一些回答反复出现。

障碍

有问题

要解决的事情

隔阂

难关

回避

需要克服的

尴尬

挣扎

没把握

想要隐瞒

然后，我们让父母说出听到“机遇”这个词会想到的东西。

机遇

某些好东西

远见

未知

信仰

积极

成长

把握当下

这两组答案有着天壤之别！我们看待障碍的方式与它们在我们作为人和父母的旅程中最终扮演何种角色之间有着极强的联系。虽然我们的社会极力赞扬那些克服了惊人困难的人（比如，海伦·凯勒战胜自己的失聪和失明，成为20世纪最杰出的人物之一。），我们却仍然认为父母的形象应该是完美的，他们总是知道该做些什么，他们能够解决任何问题。人们认为孩子们应该成功，理所当然地成为独立、道德高尚的个体。而且，所有这些成功应该看起来是毫不费力的。有多少次你发现自己憧憬着这样一幅家庭场景，结果却发现并不是每个人都按照梦想中的剧情展开自己的角色?

本章的优先重点就是要纠正“有问题就是有缺点”这样一种认识，并让人意识到事实可能恰恰相反。障碍源于高期望。你越想要成功，就越可能挣扎。有问题恰恰是一个明证，显示的是高期望和冒险的勇气必然会带来的挣扎。如果我们能认识障碍和挣扎的价值，就不但能将家人从看上去永远完美的陷阱中解放出来，还能在家人心中激发促进成长的强大能量。

一位母亲分享了障碍在她生活中所扮演的角色:

> 障碍比成功更多地塑造了今天的我。早在还是一个孩子时我就感受到了障碍。我的父母都是上班族，大多数时候不在家。我真的

学会了独立。我有学习缺陷。我还记得坐在一群“蓝鸟”中大声读书的情境。我们被分成蓝鸟班和红鸟班，虽然没有人说过区别在哪里，可我们都知道蓝鸟们学得比较慢。

我说不出什么。我知道我不算笨，可就是做不到别的孩子能做的一些事。我被迫更加用功，学习读书。这些都帮助我知道今天我是谁，我能做些什么。我有一个女儿，她有慢性病，不过正是在学习如何处理这些真正的障碍的过程中她获得了最大的成长。

障碍有各种各样的面目。一些几乎要颠覆我们的人生，另一些看起来可能更像生活中的烦恼。所有的障碍都可能束缚我们，也可能推动我们前进。马尔科姆分享了他童年时期的一个障碍最后成了祝福的经历：

“高尔德，教练可以用日晷计算你冲刺的时间。”

年轻时我经常听到队友和教练这样对我说。虽然他们没有影响我对运动的热爱，但也没有提升我的自尊。不管一垒安打或是冰球争球，不论我如何努力，我发现自己都是最慢的队员。我记得在学校运动场上别人叫我“闪电”，就像学校里个头最大的孩子可能被叫作“小不点”一样。我特别在乎自己的速度，却又没有速度，这让我的心理开始出现问题。虽然高中阶段不断参与运动，我从未获得过童年梦想中的成功。我的确在长曲棍球方面取得了一些成绩，于是开始做起了去大学打球的白日梦。然而，这些梦想总是被始终存在的速度问题拖了后腿。我和教练谈过，也认真观察过跑得快的队友，希望能够得到一些线索。

1971~1972 年高中最后一年，美国奥林匹克田径队在前往慕尼黑之前碰巧要在我们附近的鲍登学院训练。当地居民都很兴奋，期待着奥林匹克运动员的到来。运动员来鲍登学院的一个原因是要找知名校医、美国奥林匹克队的长期队医丹尼尔·汉利。一天，我在一种无法言说的冲动下给医生办公室打了个电话:“汉利医生，我是一名本地的高中生。我知道你很熟悉跑步技术。我有一个问题：我的速度很慢。我想快一些，想知道你是否能帮帮我。”我只能猜测他的想法。也许，他很气恼秘书让这样的电话打进去。不管怎样，他说:“下周二来田径场吧。穿上运动鞋，我们看看。”

我按照约定时间到了鲍登学院田径场，医生让我在跑道上冲刺了几次。我记得，我当时真希望他会用魔法召唤出一些方案来，好让我跑得快一些。我喘着气，问他是否能给我一些建议。他的回答让我震惊:“不。我看到问题了。但你那样跑的时间已经太长了，改变步伐反而弊大于利。”然后他合理地解释了我的跑步机制。我点点头，谢谢他的宝贵时间，但在上父母车时几乎哭了出来。接下来的几天我情绪低落。然后我想起了自己以前定下的目标：有朝一日成为大学长曲棍球选手。之前我觉得跑不快就无法做到这一点。此时我开始想，也许跑得慢也能实现目标。于是我下决心成为无论哪支队伍最好的击球手。我希望用完美的击球技术弥补速度的缺乏。

我参加了大学长曲棍球比赛，甚至创下了大学单场比赛进球最多的纪录。这个故事的关键不是我所经历的成功，关键是速度缺乏这一障碍事实上造就了我最后的成功。追寻事实的初衷，加上汉利医生坦诚而完全正确的诊断，让我接受了障碍。然后我寻找潜在的机会。我怀疑如果速度够快，我是否还会发展自己的击球技术。曾经我觉得是诅咒的东西现在成了优势。

马尔科姆还是对自己速度的缺乏感到难过，不过在快 50 岁的时候他仍然积极参加运动。非常讽刺的事，跑步成了他生活至关重要的部分。事实上，他已经完成了几次 10 公里马拉松比赛。

抓住家庭中的障碍

一些障碍就像波浪一般，在感觉、情感、身体需求的暴风雨中打击我们。我们挣扎着度过每一天，很难站立。呼唤勇气以寻求机遇可能只在我们决定一步一步痛苦地蹒跚前行以后才会开始。我们家的情况就是这样。当波士顿的医生告诉我们小儿子被诊断为发育延迟时，我们觉得自己简直要被压垮了。那些费解的医学诊断术语在我们的脑海中反复出现，直到我们听到了“孤独症”这个词。医生说的这个词就像对我们开了一枪。我们想要让时间停下来，和上帝见上 5 分钟的面：“原谅我，上帝，一定什么事弄错了。这不是我们想要的儿子。”

哭了几天之后，劳拉开始抬起头来。我们决定要让儿子“恢复”正常，这成了我们的目标。然后，我们卷起袖子，开始了把儿子从他的世界拯救出来、进入我们世界的漫长旅程。凯瑟琳·莫里斯，一位两个孤独症孩子的母亲，在她的书《让我听到你的声音》（*Let Me Hear Your Voice*）中写道：“你需要在工作时好像全靠自己，在祈祷时好像全靠上帝。”这成了我们对待儿子的准则。

劳拉分享了我们和哈里森一路走过的旅程：

> 三个孩子中最小的哈里森出生时我们非常高兴。他的两个姐姐同样很兴奋。在有关照顾三个孩子的模糊印象中，在我模糊的记忆

中，照料三个孩子是非常美好的事情。哈里森是个好孩子，各项发育指标都和姐姐们一样好。我继续在学校工作，像对两个女儿一样，常常在上班时把他带在身边。

在他快两岁时，我开始注意到他不太说话，似乎喜欢自己静静地坐着。我最初的担心是他是不是耳朵背。我会走到他身后，在他耳边拍手。我把自己的害怕告诉了马尔科姆，但我们却小心翼翼地在真正的担忧外面兜圈子："姐姐们说的话太多了，所以小弟弟不需要说话。""男孩子比女孩子发育得要慢。"但我越来越害怕，我开始觉得也许什么地方出了岔子。我看到哈里森很喜欢在视频前发呆。我想到了孤独症，可是觉得他的症状并不那么明显。（或者我认为应该有一些明显的症状——比如，缺乏情感依恋，比较淡漠。）令人不安的疑虑继续着。那时，我的工作还在继续，但发现自己不愿意和别人说起我对哈里森的担心和害怕。我安慰自己说："我工作努力，奉献了全部。我不需要让别人知道我的想法。"

真相是我并不相信我教了别人 17 年的东西。我和众多孩子还有家长打交道，鼓励他们敞开心扉，和家人分享。现在我也需要这样做。一天晚上我们开教职员工讨论会。这是一个例行会议，大家围坐在一起，分享自己的挣扎，并盼望能从别人那里得到反馈。我坐在那里，能感觉到自己的内心。我大脑中的想法是："我需要离开这里，不想和这些人说话。"不过我还是待在那里，并发现自己开始说话。在和同事分享了我对于哈里森的担心之后，我的情绪有些冲动。沉默片刻后，人们开始分享对于自己家庭的感觉。他们说到了类似的担心害怕。他们说到了哈里森，也表达了支持。我听着，感到如释重负。作为海德的资深教师，我也学到了重要的一课：寻求帮助是重要的行动步骤（参看优先重点 9）。秘密说出来了，我带着轻松感离开会议室。走的时候也带着决心要找到答案。

我们把哈里森带到一所世界知名的儿童医院，为他安排了一整天的评估。第二天，我们回来听诊疗小组的意见。坐在办公室里，听着别人谈论我的儿子，我觉得恍恍惚惚，有一种不知道自己身在何处的感觉。他们诊断他患有广泛性发育延迟。我后来知道这种诊断对于不同的人有着不同的含义。不过基本上，这意味着孩子的交际能力属于孤独症的范畴。他们以医生特有的冷静语调讨论治疗选择时，我想的只是在自己情绪失控之前怎样逃离房间。我不敢看我丈夫，因为我知道他快要哭出来了，他的感情很少外露，这让我痛苦不堪。医生建议我们应该找个人谈谈，我们点点头，感谢了他们。

我们走出医院大厅，按下电梯按钮的那一刻，我倒在了马尔科姆身上。我感到心力交瘁，喉咙哽咽。眼泪顺着我的脸颊流下来，我们在电梯里静静地握着手。下一层电梯门打开，一个年轻的男孩坐着轮椅被推了进来。那个孩子面无表情。我的注意力转移到了那个孩子身上，有一会儿忘记了自己的心痛。上帝是不是想要告诉我什么？一种感激之情充满了我的心。我们回到母亲家。妈妈在门口迎接我，拥抱我，乐观地说个不停。我只想拥抱哈里森。那晚我们开车回缅因州的路上，我没有让他坐在儿童座椅里，而是把他一直搂在怀里。

断断续续又哭了两天以后，我和本地的儿童发展协调员坐在一起讨论儿子的治疗。我们的言语治疗师递给我一本书，书名是《让我听到你的声音》，作者是一位有两个孤独症孩子的母亲。书中讨论了使用密集教学方法，即把学习过程化解为小块课程，从而让孩子“恢复”的想法。我坐在床上，一页接一页读完了整本书。虽然很痛苦，却有了希望。这位母亲不仅帮助孩子恢复了，她的故事还影响了整个孤独症界，让人们关注应用行为分析方法。读的时候，我想：“我需要找到这位母亲。如果她能做到，我们也可以。”几天后，我和一个朋友打电话时说到了这本书，她静静地说：“我想我认识她。”几天后的一天早上9点，电话响了，是《让我听到你的声音》的作者。

多年前，我是海德的教务长，总会有家长在很晚的时候打电话给我。我和他们说话的时候，经常听到的是：“你说慢一点，我记一下。”当时我想：“这些人自己没有脑子吗？我说的可都是常识。”然而，现在，我记下了那位母亲所说的每一个字。眼泪流了下来，但是感觉完全不同。突然，希望出现了。

接下来三天的某个时刻，我们决定给哈里森设定一个更高的标准，把“恢复”作为我们的座右铭，成为我们的期望的象征。我们扔掉了所有标签。听到“孤独症”这个词很重要，因为它让我们认识到儿子所面对的真正障碍，不过我知道如果我们太在意标签，就不能接受最好的他。接下来的一年我请假在家，我们请了行为疗法老师、言语治疗师、海德的学生，还有我们的家人。要想入选“球队”，唯一的条件是坚信最高的期望。就像我们在优先重点4中所说的，忘掉最终结果很难，但如果想要瞄准高目标就必须那样。

哈里森开始接受正规家庭项目时还不到两岁半，每周会有30个小时和大人的密集互动。只要他醒着就得与人接触，做到这一点真的很难。应用行为分析开始时是一些简单的期望，但不容商量：眼神接触、模仿、按照要求站立坐下等等。这涉及三个基本要素：

命令、纠正、强化。命令这样给出："哈里森，看。"这叫作刺激辨别。然后，过一会儿，要么纠正："那才是看，哈里森"，要么强化正确的反应："看得不错，哈里森"。所有的反应每天都记录在案，这样可以客观地监控进步。不是坐在一边说："我觉得他好多了"，我们所做的全部就是看数据。一旦他在房间成功地做了什么，我们都会走出房间总结技巧。

头两个月是我人生中最艰难的时刻。我看到那个随遇而安的孩子在被要求完成最基本的任务时，带着难以置信的哭泣和叫喊。为了达到训练效果，当他恳求的眼神寻求我的帮助时，我不得不冷面以对。白天，作老师的训练让我足够应付这样的挑战，不过一到晚上，情形就完全不同了。内心的崩溃让我常常含着眼泪，不停地问自己："我做的对不对？我是不是让孩子做他无法做到的事？他会不会恨我？"人生中第一次，我开始定时祷告。马尔科姆也给了我安静的力量。他的态度是："我支持你。我也想让你知道，无论发生什么，我都爱他。"

就像我写的，头两个月最艰难。有很多时候，我闭上眼睛，对自己说："坚持。时间最终会结束这一切。"然而，从一开始也有希望：正确的姿势、更多的声音、一些笑容。我们抓住每一个成功的时刻，那帮助我们渡过难关。项目进行了几个月后，进步越来越明显。很快，孩子就从发声到了说话。我一直都担心进步会不会停止。"要是他永远不能说两个字的词怎么办？"然而他一直在全面进步。开始说出词，然后是基本句子。冰箱上贴着单词列表，每当增加一个词或短语时我们都非常高兴，欢呼庆祝。马尔科姆每周有一个上午和哈里森待在房间，女儿们也加入进来。对哈里森的治疗成了我们家的共同经历。

那一年，我突然意识到了一件事。这个障碍让我变得更好，开始以积极的方式影响全家人。当然，还是有害怕和崩溃的时候，可是大多数时候我都能脚步轻松地上楼和哈里森在一起。我开始真的享受待在房间里，但区别是我开始关注自己。过去，我更多注意的是看他表现如何，评价一天的工作常常是从“哈里森今天怎么样？”这个问题开始的。但现在情况慢慢发生了变化。最重要的问题现在是:“我今天怎么样？”“我集中注意力了吗，保持中立了吗？”“我坚持到底了吗？”认识到他的行为不会支配我的行为，这种感觉真的很棒。

并不是每一天都结束得那么完美。许多日子我拖着疲惫的身躯继续着项目。有一天早上，就像描述海伦·凯勒的电影《奇迹缔造者》里的场景。哈里森不想吃麦片。为什么？谁知道？我能请一队专家分析为什么他害怕用勺子，但结果可能还是一样：妈妈找到办法喂他。所以，那天早上我做了个决定。(“哈里森，你自己用勺子把麦片吃完才能离开桌子。”)然后，有趣的事发生了。我们坐在一起，他在我腿上，前面是麦片。我拿起勺子，哈里森张开嘴，准备我喂他。然后我放下勺子，让他自己拿勺子。他哭，然后推着我的手让我拿。他还没准备好放弃一个好东西（比如妈妈照顾他）。哭闹继续，但我却越来越冷静，并且我意识到我已准备好提高标准。愤怒被平静取代。马尔科姆和女儿们吃完了早饭，准备出门。“你要在这儿坐多久？”马尔科姆问我。我说:“需要坐多久就坐多久。”“也许过一会需要有人接替我。”

我想我们坐了两个小时。哭泣变成了尖叫，麦片也变得像是玉米粥一样结成一团。一段很长时间的沉默。最后，他决定拿起勺子。我低声说："不错，哈里森。"又一次，沉默。他又试了试，这次把一些麦片放到勺子上，放进嘴里。我高兴得疯了。"太棒了，哈里森。你做到了。"我想："我做到了。"我放手不帮他，只是让他做到最好。

我会永远感激那天在厨房里学到的功课。它让我明白了自己作为父母的长处和障碍。它也向我表明了闭上嘴巴的力量。

哈里森在"恢复"的山路上继续爬行。感谢他自己的努力和老师们的付出，他适应了正常学校一年级的生活。对于要不要把他的事情写出来我们犹豫了很久。我们担心分享他的努力和挣扎会侵犯他的隐私，而这是不公平的。但我们还是这样做了，我们希望这个故事会成为儿子的骄傲，也成为对其他家庭的鼓励。

虽然我们不得不承认他在两岁时被贴上孤独症的标签，对于这些被贴了标签的学生，经常会有许多限制加在他们身上，不过我们本能地知道，我们对此需要加以抵制。太多的人一听到某个标签就降低了标准。和孩子们打交道的事业向我们表明，标签有一定含义，不过并不能说明一个人独特的潜在力量。那不意味着我们不能寻求专家的帮助来克服儿子的障碍。我们当然读了很多东西，也从帮助他的发展专家那里学习了很多。我们也需要调整自己的方法以解决障碍。比如，一位专家对我们说："这种孩子不能很好地处理变化，所以你们需要尽量减少这样的时候。"我们叛逆的思维方式对此的回应是："这个孩子能像我们一样应对很多变化。"对于每一句"这种孩子"的说法，我们学会了说："我不知道'这种孩子'，不过这个孩子会处理好问题的。"我们时常对自己内心的强大感到吃惊。对儿子提高标准反过来帮助我们提高了对两个女儿的标准，最终对自己的要求也更高了。

从这个障碍中产生了许多机遇，对此我们心怀感激。我们知道指望障碍远离只不过是浪费精力。那对于孩子没有帮助，只会让我们觉得灰心丧气。我们不会伪装说没有黑暗的时刻，我们担心他的未来，不过我们深深知道这个障碍已经横在了他的门口，是他命运的一部分，也是他独特潜能的一部分。通过这样的努力，他会成为他想要成为的样子，他的成功会战胜障碍。有很多日子非常艰难。我们写这些的时候，他正在努力对付严重的突然发怒，它的到来没有任何预兆，很快就能控制这个讨人喜欢的男孩。现在的区别是，我们一家人一起讨论尝试和成功。在艰难的日子倾听每一个家庭成员分享自己的感觉，这带来了很多力量。大多数时候，他的进步以“龟兔赛跑”的精神展现出来，让我们惊叹。一路上，有许多令人高兴的迹象表明他进步了。最近，他在运动场遇到了幼儿园时期的老师。（凯瑟琳·泰特这些年来教过我们所有的孩子，马尔科姆说她是他所见过的最好的老师。）哈里森和老师逗乐，和斯考特玩，他的语言表达很自然，显然“处于最佳状态”，还好像是在炫耀新的技能。老师很兴奋，哈里森似乎也从这种互动中收获了很多。突然，他说：“我做得很好。”我们离开时，他说“再见”，我们开车出停车场，哈里森解开安全带，伸手把窗户摇下来，又喊：“老师，再见，谢谢！”我们已经为此做好了长期的准备，就像布鲁斯·斯普林斯汀唱的：“你必须学会带着无法解决的问题生活。”我们还在解决问题。也许我们将总是这样。

这次经历带来的另一次机遇是，劳拉开始每晚祈祷。她用主祷文（她所知道的唯一祷文！）祷告，那已经成了习惯。“不过”，劳拉说：

“我祈祷之后，每晚的想法都不一样。那已经成了我力量的源泉。很多时候，我还是很愿意经历过去的三年的。”

就个人方面，在解决他的酗酒问题时，马尔科姆学会了障碍就是机遇。他讲述了自己的故事：

> 我戒酒是在 15 年前的 1985 年。虽然喝酒从未让我醉倒在水沟中，但我总觉得自己对喝酒没有正确的认识。我不知道那是否会最终要了我的命，不过我肯定那会妨碍我成为我能成为的父亲和丈夫，不管是从专业上说还是个人性的。我开始努力减少饮酒，两三年后才完全戒除。那些年很不好受。我讨厌那些好像在社交场合饮酒如常的朋友。我讨厌这样的事实：自己就是没有办法养成正常的饮酒习惯。
>
> 最终，我去参加了一些戒酒者的聚会，以前我尽力避免这样做，觉得参加这样的东西是懦弱的表现。一次在那儿，我记得听到演讲者把自己称为“感恩的正在恢复中的酗酒者”。讽刺的是，我觉得他们是有偿植物，就像那些帐篷秀中活下来的人：一个人突然从轮椅上站起来，一个盲人突然能看到了。不过我不能否认他们感到的信念。多年后，我理解了。我的生活、婚姻、各种关系、工作，在我接受并解决酗酒的障碍之后，有了急速的改变和提升。又一次，避免或是希望障碍不存在带来了痛苦，积极解决它让我能够大步向前。我不再盼望环境的改变，我盼望自己选择一种新的态度。讽刺的是，最后还是我的环境改变了，而且是变得更好，就像是一种奖励。

本章的优先重点鼓励父母以新的视角看待障碍。作为父母，我们有一种本能的冲动，想要移除孩子成长过程中的障碍，让他们生活得更容易。这不是我们自己学习的方式，对他们也没有好处。有时，我们接受这一切的唯一办法是首先看到我们退后一步时发生了什么。一位母亲讲述了自己的一个障碍如何变成了她想也没想到的机会：

我们是这样一种家长，参加孩子们参与的一切。我们以此为荣。我们总是在那里，每一次活动，每一次事件，在看台上欢呼。

我们的小儿子马克要代表海德参加一场足球比赛，比赛将决定两支队伍最终谁是第一。同时，我们的大儿子彼得在大学因为成绩不好而被留校察看。他态度散漫，状态低迷。马克在海德期间表现不错。他对于学习有着很好的态度，回到家对于哥哥有点傲慢。这造成了很多紧张和争吵。

因为原来根本没想着马克的球队能够进入决赛，我丈夫订了酒店，买了票要去波士顿看莫奈的画展。这让我们非常矛盾。我们很纠结，但最终决定还是选择看画展而不是看足球。

后来，我们正在酒店的房间，电话响了。是马克。他哭着告诉我们比赛输了，他的心都碎了。然后他说："但我不是因为输掉比赛才这么激动。"情况是，比赛结束的时候，他垂着头哭着走下场地。他听到有人叫他的名字。他抬头，看到哥哥朝他走来。彼得伸出双臂，紧紧拥抱了他。他告诉他结果不重要，他尽了全力，他爱他。这样他们走下球场，跳进车里，一起吃东西。他们以这样的方式交流，说了说他们不好的关系。马克意识到，他对哥哥的看法是不对的。他让自己忘记了彼得实际上是什么样子。他为哥哥设立了不切实际的期望，因为他的生活顺利，他无法忍受彼得。

那是他们关系的转折点，让两个人看到了彼此的缺点。要是我们在那儿，可能会围着马克转，确定他没事。同时，彼得可能会被忽略成为背景。我知道了退后一步的重要性，因为我从不知道怎样做到这一点。退后一步，让自己的孩子感受痛苦，让他们需要时自己来找我。我接到电话，听到了孩子们激动人心的故事。我再也想不到更好的礼物了。不能同时去两个地方的障碍最终成了我们所有人难以置信的机会。

障碍就是机遇

怎样让障碍成为机遇

首先，忘掉贺卡上绘制的幻想。我们许多人的家庭生活开始于一种天花乱坠的想象。就像马尔科姆的母亲说过的：“你可以探访你的幻想世界，但你不能生活在那里。”忘掉那个幻想的世界，让障碍帮助你与身边的人们建立真正的联系。

把幻想分解为两个部分：我们最高的期望（希望）和我们害怕的现实（担忧）。写下或是告诉别人你对孩子的希望和担忧可能有帮助，不过，紧抓希望和担忧也很可能会让你落入“和谐比真实更重要”的陷阱，让你脱轨。尽可能地让孩子承担责任，面对自己的困境，然后自己解决问题。问问自己：“这是我的问题吗？”如果不是，那么不要说话。（你也许需要数到 10。）用这个经典的句子吧：“听上去你很挣扎，你要怎么做呢？”我们发现，父母说得越多，就越是在无意识中剥夺了孩子拥有和克服自身障碍的机会。

你甚至可能需要身体上远离孩子，这样就不会干涉孩子，也不会提建议。那不意味着不应该给予帮助和建议，而是孩子自己不得不寻求帮助这个简单挑战能够加强他们对自己直面障碍的重要性的认识。这对他们来说是关键的第一步。具体而言，离开房间之前你可以说："让我知道你是不是需要帮助。"（确定你走出房间。）离开房间，我们就创造了一种环境，让他们而不是我们采取下一步。他们一定会向我们寻求帮助。他们一定会找到我们，把我们作为资源。这说起来比做起来容易很多，对于我们的第二个孩子斯考特来说就是这样。劳拉写道：

> 去年斯考特问我她是否可以穿过海德校园走回家。她说想用学校的电脑查收邮件。我点点头，想："喜欢技术是孩子的本能吧。"然后就忘了这件事。
>
> 几周后，我知道她是为了不被欺负，才重新选择了回家的线路。当我追问她时，她这才打破沉默，说自己遇到了欺负，很害怕。和她的谈话让我了解到，显然她非常害怕那个小女孩。我分享了一些我在学校被欺负的记忆。我鼓励她面对恐惧，但似乎无济于事。然后我心平气和地说："斯考特，除非你面对那个女孩，否则你会永远害怕下去。你必须通过这一关。""不。"她喊着，跑出了房间。
>
> 我有点想给学校打电话，让学校解决。我已经问过斯考特和姐姐，知道斯科特遇到的欺负还不是非常危险。（有一天我甚至躲在树丛里，看看发生了什么。）最后我决定退出来，让斯考特去解决自己害怕的问题。她哭了一晚上。第二天早上，她对我说："妈妈，

我能不能隔天面对一次那个欺负我的人，而不是每天都面对？”我想了想，决定支持她，因为那是她的计划。我说：“这是在正确的方向上走出的第一步。”她第二天去上学时表情痛苦。（她的情感总是溢于言表。）我的心很疼，不过我知道她必须面对这一切。

很多天她都泪汪汪的，应该说是隔天就会哭得泪汪汪的。最后，这个障碍给了斯考特和我许多很好的彼此分享的机会。当我特别想要带走她的痛苦时，我决定把自己的害怕和她分享。慢慢地，那个“恶霸”开始不再是斯科特关注的中心。一天，她姐姐说：“斯考特，你好像已经战胜了那个欺负你的人。”她开怀大笑。“不是的，”她说，“不过情况好多了。”

看着孩子在困境中挣扎，父母很难平心静气。我们想介入，让整个过程变得容易一些。为什么呢？看看自己的生活。什么时候你会最了解自己？可能是你挣扎在某件事情中，然后了解了自己。我们的孩子需要有自己的机会从障碍中学习，了解自己。为了退后一步让他们自己解决困难，你必须一开始就建立前提，即本优先重点所说的。你能接受障碍真的代表着机会这样的观念吗？为了接受这一点，你必须认同这种想法，即人生漫长，为了实现自身潜能，我们需要有能力解决困难的问题。

纪伯伦的经典诗歌说“你的孩子不是你的孩子”，它一直在帮助我们记住身为父母的使命。

你的孩子不是你的孩子

你的儿女，其实不是你的儿女。

他们是生命对于自身渴望而诞生的孩子。
他们借助你来到这世界，却非因你而来，
他们在你身旁，却并不属于你。

你可以给他们爱，但不能给予他们思想。
因为他们有自己的思想。
你可以让他们的身体住在家里，却不能让他们的灵魂留下。
因为他们的灵魂寄居于明日之屋，
那里你到不了，甚至在梦中也看不到。
你可以努力像他们一样，
却不能让他们像你一样，
因为生命不可逆转，也不能逗留于昨天。

你是弓，儿女是从你那里射出的箭。
弓箭手看到宇宙之路上的箭靶，
他用尽力气将你拉开，
要使他的箭射得又快又远。
让你在弓箭手手中快乐地弯曲吧，
因为他爱一路飞翔的箭，
也爱无比稳定的弓。

把这首诗读上几遍。哪些话让你深有同感？许多父母都说是“明日之屋”这个表达。其他人的反应有：我们无法拥有自己的孩子。他们不是我们的。每次我们读这首诗，都会有不同的感受。“他用尽力气将你拉开”这句话说得太对了。我们经常尝试让孩子们按照我们觉得对他们最好的方式去行动，忘记了我们是弓，不是弓箭手。

当说到把障碍看作是机遇时，记住这一点很有帮助，即孩子们正在通往“明日之屋”的路上，而我们并不理解这条道路。因此，当障碍出现时，我们怎样才能知道它们最终的意义呢？如果我们干预，想要解决困难，我们可能就剥夺了孩子们命运中重要的机遇。作为父母，我们的本能首先是要保护孩子免于危险。然而，在很多日常情况下，我们的干预不仅是不必要的，而且可能是毁灭性的。它很可能干预的是通往“明日之屋”道路上的“真相时刻”。

当我们开始换个角度看待障碍时，我们可能会对孩子们的努力感到兴奋。我记得一位海德家长曾经为她儿子和滥用药物的斗争不断叹息。有人问她:“如果你可以施展魔法，会不会让问题消失？”她说:“当然。这还用问吗！”但突然，房间里另一位家长安静但坚决地说:“我是一家著名机构的执行官。我沉溺酒精很多年，直到 30 多岁才清醒过来。我知道，如果没有对付过酗酒的问题，我今天也不会在自己的岗位上干得很出色。”

让新的观念产生

无论你是在解决 4 岁孩子和兄弟姐妹吵架的问题，还是孩子和老师争论的问题，请允许孩子们把障碍转变为学习的机遇。我们选择用“允许”这个词，因为它更为明确地描述了放开手不控制的过程。不管你的孩子有学习缺陷或是身体残疾，试着把这些障碍看作是重要的成长机遇而拥抱它们。这不容易。看到孩子的挣扎是很让人受不了的。有时，你得让自己忙起来，这样才不会介入困难的解决。一旦你接受了“机遇来自于障碍”这个理念，你就会处于更好的位置，在孩子真正需要你帮助的时候帮助他们。像其他优先重点一样，你需要做到的是退后一步。在退后之后，你可能才能更好地决定何时双脚跳入，掌控局面。不过如果你这样做是为了满足孩子的真正需求，而不是自己的情感需要，那就更好了。（我们将在优先重点 7“学会抓住和放手”中讨论更多何时抓住、何时放手的问题。）

允许并鼓励别人推动你的孩子

海伦·凯勒的例子表明了人的精神在障碍中创造机会的潜能。每当在电视上看到凯勒和安·莎莉文老师的故事《奇迹的缔造者》，都对我们是一种激励。作为家长，我们常常想：我们真的能要求一个有着明显缺陷的孩子做到最好吗？显而易见，海伦的父母决定要爱她、让她待在家里。他们看不到的是，她生命中需要对发现她的潜能更感兴趣的人。莎莉文进入了她的生活，从障碍中看到了希望。她努力帮助她做到最好，而不是避免最坏。不过，她需要把海伦带进小屋，建立学生和老师之间的学习联系。我们需要别人进入我们的生活。无论何时看到有人为孩子设置障碍，要求孩子做到最好，先退后想一想：“这对我的孩子有帮助吗？”如果你的本能回答是肯定的，就要允许它的发生。

劳拉写道：

> 一次夏天的游泳课，我带着新来的保姆去看看该做些什么。哈里森和一个年轻的男教练在水里，这位教练以前没有教过他。突然老师说：“哈里森，离开泳池边。”我看到哈里森还在踩水。我知道他没有真的明白教练的要求，不过我坐在那里屏住呼吸。老师说：“哈里

森，我数到三，如果你还没离开泳池边，你就得离开泳池。”一……二……三。“好，出去，坐到板凳上去。”哈里森离开泳池坐了下来，他还没有完全明白他为什么被惩罚。保姆转过身对我说：“你不做点什么吗？”我想了想（退后看看），决定允许事情自然发展。

然后，老师说：“哈里森，我再给你一次机会。现在跳进水里，离开泳池边。”天啊，我想，又来一遍。接下来老师说：“哈里森，如果我数到三，你没有离开泳池边，剩下的时间都不许再进泳池。”一……二……三。“好，上来吧，哈里森。今天就这样吧。”保姆又一次怀疑地看着我。我等了几分钟，直到课程结束，然后去找那两位年轻的教练。

我说：“我是哈里森的妈妈。我不想让你改变对待我儿子的方式，因为你为孩子设立了高期望，这真是太好了。我想说的是，哈里森的发育有些迟缓，可能有时候你需要给他示范一下想让他做的动作。不过，请继续这样激励他。”年轻的女教练说：“谢谢你告诉我们。我会注意的。”年轻的男教练说：“我以前见他这样做过，所以知道他能行。”我说：“太好了，继续这样做吧。”开车回家的路上，我感到自己退后等待那10分钟是一个非常明智的举动。看他的时候，虽然心疼，可我知道他没有身体危险，他能挺过这“不公平的”时刻，因为这样更有价值。他生活中需要有人认为他能做到。我不能妨碍那一点。

我们还要继续强调，虽然允许别人提高对我们孩子的标准，我们也需要以更高的标准来要求自己。我们需要把旅程中的障碍视为重要的里程碑拥抱它们，而不是试图抹掉它或让它变小。随着我们做父母越来越进步，我们甚至可能会欢迎它们，因为从一个新的角度来看，障碍提供给我们的是一种美好未来的祝福。再碰到障碍时，我们不再会开启“修复模式”，甚至可能对于其中的可能性感到兴奋。允许自己想一想：这个障碍中孕育着什么样的机遇呢？

家庭练习和活动

“两个词”

材料：纸、笔。

时间：20~30 分钟。

说明：想想你的孩子。（如果孩子在场，让他们想想父母。）给每个人写下两个词：一个是他们最大的优点，另一个是最大的障碍。然后同样给自己写两个词。写一个自己最大的优点，一个自己最大的障碍。现在看看所写的词，想想下面的问题：

- 你写给自己的词和写给孩子们的有什么联系吗？
- 想想给孩子写的词，你先想到的是哪一个，优点还是障碍？你自己呢？
- 看看你写的自己的障碍。你生活中的这部分存在着机遇吗？你的孩子呢？
- 你在解决自己的问题吗？你同样相信自己的优点吗？
- 你和孩子们分享过你的障碍吗？

“抛硬币”

材料：硬币。

时间：20~30 分钟。

说明：这个练习任何地方都可以进行。可以和全家人一起做，也可以两个人做。拿起一枚硬币，从一位家庭成员开始。让他们说说生活中的一个问题，比如拖延、学习、音乐课、锻炼、唱歌。然后让这个人抛硬币。如果正面朝上，快速说出引发那个问题的障碍。然后，把硬币反过来，说说其中隐藏的机遇。如果硬币的底朝上，一开始就说那个问题中可能隐藏的机遇。一个人说完后把硬币抛给另一位家庭成员，让他接着说。这里的关键是要自发性地快速说出内容。

问题与更高的目标定位

材料：无。

时间：20~30 分钟。

说明：问问自己，“在努力追求个人成长的过程中，我主要是关注自己的问题，还是更高的目标？”我们有时把自己的问题或是感觉到的问题视为障碍，这妨碍了我们真正看待生活中的更高目标。我们的问题不能真的提供一种安全感。如果雷·查尔斯和史蒂夫·温德接受的是现在学校的教育方法，那我们可能永远也不会认识这些杰出人物。现在的教育方法更多关注的是他们是盲人，而不是他们想要成为音乐家的愿望。我们是多么幸运，他们先有了对于音乐的努力，然后通过这些努力克服了自己的障碍（失明）。努力投身于一个更高的目标会激励我们解决自己的问题。只解决自己的问题并不会让我们投身一个更高的目标。讨论一下下面的问题：

- 我生活的目标是什么？
- 为了追寻这个目标我需要解决哪些个人问题？
- 为了达到这个目标，我需要放手哪些个人问题？

日志问题

1. 我成长过程中是如何看待“障碍”的？
2. 我如何看待自己的“障碍”和挣扎？
3. 列出自己的三个优点。我对此感觉如何？
4. 列出自己的三个缺点。我对此感觉如何？
5. 描述一下每个障碍中存在的机遇。
6. 什么妨碍了我把孩子的障碍视为潜在的学习经历？
7. 我可以采取什么步骤让孩子的障碍成为机遇？
8. 我可以采取什么步骤让自己的障碍成为学习机遇？
9. 我是否把孩子的障碍以某种方式和自己联系起来？说明一下。
10. 我会采取哪些具体步骤以更加积极的态度看待障碍？

优先重点 7　学会抓住和放手

处境艰难时，孩子们需要学会如何“坚持”，父母们需要学会如何“放手”。

作为父母，我们始终面对着一种困境：什么时候采取行动介入其中，什么时候又置身事外？我们经常在最需要倾听和退后的时候想介入其中掌控局面。同样，我们可能在不安、不确定结果的时候害怕采取行动。想要平衡看似对立的“抓住”和“放手”概念时，我们该怎样解决这种不可避免的困惑呢？本章中，我们将探讨这一话题。虽然让人烦恼，可这种“抓住”和“放手”之间的张力也可以引导我们施展最好的育儿本能。

成为父母后，对自己觉得碰到的第一大难题，劳拉至今记忆犹新：训练女儿使用马桶。虽然今天想起来很好笑，当时可一点儿也不轻松。

长女的如厕训练

我们努力了六年才怀上了第一个孩子。马尔科姆当时是一个社区的负责人，社区邻里的关系非常和睦。在我们过往的艰难日子里，社区成员给了我们很多支持。因此，马哈丽亚的出生对我们来说是一件非常重大的事情。她受洗时我们收到了各种礼物。对有一个这么漂亮的女儿，我们感到非常激动，就是在小镇里随便闲逛的时候，不经意间我就会流出幸福的泪水。这个孩子性情温和，睡得很好，每个人见到她的人都夸她杏仁黄的眼睛和牛奶般的肤色好漂亮。当我告诉妈妈她的睡眠习惯时，她说："你不知道自己有多幸运！"

我甚至记得马哈丽亚 18 个月大的时候我给妈妈打电话，夸耀说："我不知道人们怎么会对当父母感到那么烦心。太容易了。"妈妈笑着，什么也没说。对于我这么棒又非常合作的礼物我感到心满意足。那次电话后不久，我坐在厨房桌前，马哈丽亚正处在从使用奶瓶过渡到使用鸭嘴杯的探索时期。显然她需要一些帮助，我说："马哈丽亚，如果你这样拿的话，就会喝到果汁的，你看。"她拿起杯子，盯着我，故意把杯子翻过来，把果汁倒在桌子上。我被她挑衅的眼神和行动惊呆了。怎么会这样？那是她新状况的开始，也是我作为父母失去信心的阶段。

如厕训练从我一无所知开始了。我拿出马桶，读那些孩子几岁应该做什么的指导书。马哈丽亚对此一点兴趣也没有。朋友和我们的儿科医生都说，给她一些空间解决这个问题。当然，对于 3 岁孩子来说因为害羞而不使用马桶还说得过去，可是马哈丽亚已经超过 3 岁半了。我开始有点慌张，一方面下定决心要完成她的如厕训练，另一方面即使女儿还戴着尿布，我也要装出无所谓的样子。

我记得有一天和医生在办公室说到这个问题。他建议我和马哈丽亚谈谈。谈谈？当然！听上去不错。我们开车回家的时候，我开始跟她谈如厕训练的问题。她觉得如何？她点点头，同意我的说法。我想："我们真的在沟通了。为什么我以前没想过呢？"到家以后，我问马哈丽亚想不想上厕所。她说："现在不想。"过了一会，她却拉在了裤子上，我所有的挫败感一下涌了上来。这种情况持续了五个月。

有些时刻让人觉得羞愧，比如我曾拿芭比娃娃作为上厕所的奖励。还有，朋友们也给了我很多大胆的建议。一个好姐妹说："你需要放手不管。"我点点头："当然，我知道。"我来来回回走着，脑子里像重复咒语一般："放手。放手。"然后有一天，这个姐妹又说："你什么时候才能管管孩子呢？"我反驳："你在说什么？我正在努力。我正在放手。"她大笑说："你应该知道什么时候该做点什么。"我喊道："不要告诉我那些大众心理学。我正在放手。"

那次对话后不久，我就被狠狠地打击了一次，失去了平静。当时我们在楼上做什么事，马哈丽亚又一次拒绝用马桶。当我让她下楼去洗手间的时候，心里充满了挫折感，就从后面推了她一下。这个举动让我觉得又惭愧又无助，回到自己房间，我坐在床边哭了起来。我对马哈丽亚犯了错，需要好好反省一下自己。我出去散步，想让自己在平静中恢复。为什么我对这件事如此心烦？为什么她这么坚决和我作对？我的思想乱成一团，混杂着不能帮助她的羞愧，还有发脾气推了她的事实。

慢慢地，像缠绕的项链被解开一般，我混乱的思绪开始有了条理，我的呼吸也慢了下来。我想到了那个姐妹的建议："你需要放手。""你什么时候才能管管孩子呢？"我问自己："你真正的感觉是什么？"两个词出现了：期望和担忧。

- **期望：**我对她的期望很高。一开始就想着她可能是同龄人中最早会用马桶的，当然绝不会是缅因州巴斯市的最后一个。
- **担忧：**马哈丽亚差不多 4 岁了，过一个月就要去学前班了。我害怕其他孩子会嘲笑她，这会伤害她。（她表面坚强，其实很敏感。）

弄清楚了这些想法之后，我开始回过头来思考该怎样做。我没有答案，不过我可以调头回家。我走进后门，看到马哈丽亚正坐在厨房的桌子前吃东西。接下来我说出的话让我自己都感到吃惊，好像不是有意安排而是发自内心深处："马哈丽亚，我不该推你，很抱歉。我知道我不能再给你换尿布了。弟弟妹妹都戴着尿布，我换不过来。如果你愿意，我晚上给你戴，白天就不戴了。"我的声音很平静。走出房间时，我感到如释重负。我丈夫后来说："你在干什么？她会尿得满屋子到处都是的。"我的回答是："没问题。我觉得这样不错。她会有办法的。"

第二天早上，马哈丽亚下楼来到厨房，提出了一个相反的方案："妈妈，我晚上不戴尿布，白天戴怎么样？"我看看她，意识到整件事已经在按我的设定向前发展。我笑了，摇摇头，好像在说："不行。"

两天过去了。（幸运的是，那是夏天，所以她可以在院子里解决问题。）她又尿在了阁楼的楼梯上，她的妹妹兴致勃勃地指着那滩尿对我说："妈妈，我得让你看看。"马哈丽亚和我一起清洗时，我意识到生气已经被别的东西所代替——一个"放手她需要做的、抓住我需要做的"的决定。

现在说起这件事大家都觉得很好笑，不过那却给我了一个难忘的教训。我第一次意识到，我可能是问题的一部分。现在我知道，我的行为是她很久没有学会上厕所的重要原因之一。我也开始明白，抓住和放手本来就不可分割，它们共同作用，引导我们发挥出自己最好的本能。我更好的本能被激发出来，让我可以设定自己的行动方向，这又反过来让我也允许女儿设定她自己的行动方向。

和众多家庭打交道的经历让我们得出了具有讽刺意味的结论：在艰难时期，孩子们需要学会如何“坚持”，家长们需要学会如何“放手”。海德学校的另一位家庭教育主管简，她也是一位母亲，讲了一个关于放手的故事，那是她在急诊室看病时经历的：

> 在海德，我们被告诉要“放手”。我的控制方式是坐在后面，说：“当然，我会放手的，因为有好处。我会因为有好处而放手，但不会因为出现问题而放手。”我对每件事都会评判一番，判断哪些可以放手，哪些不可以。
>
> 在一次讨论会上，不知怎么搞的，我从椅子上摔了下来，肩膀竟然都脱臼了。虽然胳膊晃荡着很痛苦，可我不想让别人帮我，也不想引起别人的注意，于是我尽力假装，跟没事一样。最后我觉得最好还是去看一下，要不然我肯定会晕倒，于是我悄悄站起来要离开。我的儿子詹姆士也跟了出来，并开车把我送到了急诊室。他陪着我，直到医生接好我的肩膀。我丈夫随后也到了。
>
> 我和詹姆士及时回到讨论会。后来，当被问到早上学到了什么的时候，詹姆士举手说：“我等了 17 年让妈妈需要我。”
>
> 那是我的真相时刻，我意识到，对我来说让他帮我多不容易。我也明白了我怎样推开了孩子和丈夫，因为我讨厌由于任何原因依靠任何人。实际上，我记得曾做过海德的一份作业，题目是“我能依靠谁？”我为自己感到自豪，因为我可以依靠自己。实话实说，如果那天我自己开车去医院，我可能永远也不会意识到自己有多么愚笨。有人帮忙的感觉真好，让儿子和丈夫在自己身边的感觉真好。

过去一年，我发现自己总是担惊害怕，不过这一次有所不同，我告诉了自己的家人。现在，我会更多地寻求家人的帮助。我觉得我不需要在他们面前成为完人，这个认识大大减轻了我和詹姆士还有丈夫关系上的压力。有趣的是，我必须完全放弃控制，我才能理解放手的含义。

有时，我们抓住了“理想”，却未能欣赏一些宝贵的时刻。一位母亲分享了她的假期故事：

我对自己的家庭有一个梦想。不过那是我的梦想，不是他们的。在这个梦想中，我有一个理想的完美家庭，这种完美会以各种方式表现出来。其中一种方式就是过节。圣诞节期间，我会花很多时间准备大餐，买完美的小饰品，做礼物，参加聚会，当然，一直会忙到最后一刻：圣诞节的早上。

男孩们总是被允许在圣诞前夜打开礼物。现在听上去很特别，不过礼物总是一样的：一套睡衣……完全相同的睡衣。孩子们那天晚上就要穿上睡衣，这样圣诞的早上他们看上去会最可爱。我会穿上小睡袍。（我丈夫迈克尔拒绝参加。他的头发总是很乱。）孩子们坐在楼梯上，直到炉火点着、彩灯挂在树上、点心在桌上摆好才被允许下楼。不可避免的是，随着一天的结束，我的美梦终以噩梦收场。狗吃得太多生病了，亚麻桌布沾上了污渍，房子被搞得乱七八糟，孩子们简直要上房揭瓦，迈克尔却在沙发上呼呼大睡。

我不得不省察自己，为什么对我来说把一切弄得完美如此重要。最后我意识到，我的动机很真诚，不过追求完美却妨碍了它的实现。我得放下自己的愿望，只因为其他人并未加入进来。我花了很多时间，累得筋疲力尽，力图让一切达到完美，却没有看到真正宝贵的事情。因为累得筋疲力尽，我也根本没有时间和精力投入重要的事。孩子们不欣赏我。对他们来说，我做的这些一点也没意思。

完美是一个词，一种精神状态，一种家庭生活的想象，它似乎会经常进入我们的生活，因此我们需要不断对它的虚浮外表放手。就像一位母亲所说："完美其实是不诚实的另一种形式。"另一位母亲分享了她有关"完美"的故事：

我让所有人都感到轻松。我用爱和理解帮助解决丈夫的问题、孩子的问题。我学到的功课是，我从没有和孩子真正分享过自己。一天晚上，在开车接他之后，我们在车库里坐了一个小时。我说："我真的想知道你是怎样看我的。"他说："妈妈，我觉得你是一个完美的人。我是个有问题的人。"我说："不，我也有很多问题，我要和你分享一些我对自己的看法。"

在儿子面前，这位母亲放弃了自己的完美形象，但却抓住了"真实"。

什么妨碍了我们相信孩子们的潜能而不能放手呢？作为老师和管理者，过去 25 年我们经常用"脆弱"这个词。像在优先重点 4 中讨论过的，"脆弱"与父母认为孩子多么脆弱有关。虽然没有一个明确的办法衡量一个青少年多么脆弱，我们记得太多时候家长总是觉得孩子十分脆弱。换句话说，孩子从伤害中恢复的能力要比父母认为的要强得多。因此，大多数家长可以对孩子更加放手。如果我们回到本书开始的强尼的面试部分，就很容易看到，强尼没有接受生命中的诸多责任，因为父母把他该操心的替他操心了。一位母亲写道：

> 我已经明白了，放手并不意味着不关心。它意味着给予孩子足够的失败或飞翔的自由。当他知道自己得负起责任，自己得解决问题，不能埋怨他人时，他的成功才愈发甜美。

本章的优先重点表明了抓住实际上是学会如何放手的关键。努力向前的行动提供了一种能量，能够反过来让我们放松对一些事情的控制。在缅因州巴斯市的海德学校，我们有一个高空绳索课程。学生、老师、家长都参加过这个游戏，它教会了很多人关于勇气和信任的道理。在树之间设置的活动单元叫作“要素”。每个要素都有自己独特的要求：高度、平衡、手脚协调等。

一个特别有挑战性的要素是“猴藤”。在课程的这个部分，你要接受挑战，系着一根安全绳站在一根离地面 35 英尺高的钢丝绳上。地面上的一个人被系在安全绳的另一端，他负责监控你的步伐。要是你没有走稳从钢丝绳上掉下来，安全绳就会带起地面上的那个人，让你不至于摔在地面上。之所以做“猴藤”，是因为在钢丝绳上栓有一组绳子，每两条绳子相隔 6 英尺。你要不断前进，就得从抓住一条绳子挪到抓住前面的另一条绳子。因为下一段绳子离你有几英尺远，你必须放掉手中的绳子去抓下一个。

绳索课程教会我们相信别人。更重要的是，它向我们表明了抓住和放手之间的动态特性。一个依赖一个，两者共同给我们力量尝试看上去几乎不可能的事情。为了放手，我们需要伸出手抓住别的东西。抓住这个新挑战促使我们放手任何我们曾经觉得需要控制的东西。

在“最艰巨的工作”工作坊中，我们让家长思考一个一直困扰他们的麻烦问题。然后他们问陌生人两个问题：当你思考这个问题时，（1）你需要抓住什么？（2）你需要放手什么？

这两个问题对于面对困难的处境可能很有帮助。下面是一个典型的高尔德家的故事，它考验的是劳拉抓住和放手的能力：

斯考特 5 岁时，在本地的基督教青年会上游泳课。游泳是我想让孩子们学习的东西，因为我长在水边，知道在那样的环境中自信有多重要。孩子们都上过游泳课，斯考特已经学会了基本的狗刨。可不知为什么，她觉得害怕老师、水，还有别的谁也不知道的东西。我们已经报名参加六周的课程，可是她说，节日她不想上课。没有把她当一回事，低估了她的决心，我没有在意，还是带她去上课。一路上她在车里嘀咕个不停。

到了那里，嘀咕升级为大哭。我蹲下来鼓励她，同时也有点莫名其妙，为什么她这么害怕几个月前喜欢做的事呢？头几节课，我一直鼓励她，还说好话哄她，甚至跟她一起下水来减少她的恐惧。（我可是整整齐齐穿着短裤和短袖的！）可什么用都不管。

最后我决定，我需要抓住不放，坚持要求她下水。我对她说：“斯考特，你如果不下水就不能出门。”鉴于斯考特是那种不喜欢冲突的孩子，我觉得这是让她突破恐惧的一个动力。禁止外出的第二天晚上，我让她上床睡觉时，她让我大吃一惊。“妈妈，”她说，“我喜欢待在家里不出去。”现在我该怎么办？我想。显然，禁止外出不起作用。我再一次想到我需要怎样抓住和放手的问题。

放手：我得放手别人怎么看我们。我们得面对和接受事实，就是那个夏天我们成了基督教青年会地板上的表演者。我还得放手结果。

抓住：我知道她必须面对水，既然禁止外出没用，我就需要抓住有效的东西。

第二天，我和她谈了谈她的恐惧。我告诉她，下一次游泳课，她要么自己下水，要么我把她扔下水。她点点头，向我保证她会下水。上课的那天早上，她反复说自己已经准备好了，然而上课时间快到的时候，她的决心又动摇了，又开始嘀咕起来。这一次，我们简直是连哭带闹才走到泳池边。我蹲下来，小声对她说："斯考特，你可以自己下水，或者我帮助你。"当我把她的手从看台边上扯开时，她高声尖叫。我看看教练，问："我把她扔进去行吗？"教练说："行。"

我几乎是连拖带拽把她带到了水边。我下了让她自己下水的最后通牒，然后把她扔了进去。然后我转过身，走到家长区，我想他们肯定不会同意我的做法，于是就走到了外面的大厅。一位母亲跟出来说："做得好！我希望我也能那样。"家长们一直在支持斯考特，虽然她哭哭啼啼上完了整节课，但她是在水里上的课。第二节课也差不多，除了是她自己下的水。第三节课，她自己跳进泳池，欢快地游了起来。家长区爆发出一阵掌声，一位祖母说："她知道怎么游泳了。"

斯考特已经不记得这件事的太多细节，但是我们从那件事情中学到的东西让我们会心一笑。劳拉学到了，尽管不能保证会有确切的答案，但抓住和放手会让人经历有意义的过程。斯考特知道了这一点，她的妈妈在努力帮助她做到最好，她可能也没有“答案”，不过她会一直在自己身边。总的来说，劳拉学会了要求斯考特做到最好，她自己也要做到最好。

一位母亲讲述了在儿子找女朋友这件事上，她是如何在抓住和放手之间挣扎的：

> 这个优先重点在处理儿子女朋友这件事上对我的帮助最大。我不看好儿子们的恋爱关系。在我的成长过程中，父母对我带回家的任何一个男朋友的反应都是：“我希望你对他不是认真的。”总是哪里不对。但父母从来没有给过解释，这其实就是一种微妙的控制。
>
> 现在，情况变了，轮到我来为儿子瑞安交的女朋友操心了。我不断对自己说：“你得放手——记住爸爸妈妈是怎么做的。这是他的选择。”不过我知道我需要掌握一些情况才可以放手。所以我、我丈夫和瑞安一起坐下来，我说：“你知道，我们有些担忧，只是想说出来，这样我们就可以放手了。”让我们吃惊的是，这话起了作用。他听了，有几次认真地跟我们说：“你们说的问题我都知道，不过我不觉得那是问题，反而我觉得很有趣。”在一段关系中，我们所担心的反而让他觉得很有吸引力。我想我们真的抓住了我们需要说的，然后可以真的放手了。

对待孩子是我们需要花费一生学习放手的经历。就像马尔科姆的父亲、海德学校的创立者约瑟夫·高尔德所说：“孩子和父母在面对成长挑战的时候，通常需要学习完全不同的课程。孩子们需要学习如何坚持，家长需要学习如何放手。”如果我们要完全掌握最好的养儿育女本能，我们也需要在处理与自己父母的关系时运用抓住/放手这一方法。正如在序言中所说的，我们接触的许多家长都执着于用和自己小时候被抚养的方式不同的方式来教养自己的孩子。我们常常听到这样的说法："我要抓住好的，丢弃坏的。"听上去好像充满希望，可是这一过程所产生的更深层的要求不是这样过度简化所能表达的。它也要求我们处理自己成长的经历。虽然可能很痛苦，但最后的结果会是解放性的。我们需要接受父母给予我们的，学会因为他们做不到的事情原谅他们。还有，我们的社会也倾向于将童年定义为"好"或"不好"。"好"就是一切都好，"不好"就是一切都不好。对我们大多数人来说，不管你对童年总体的感觉是好还是不好，你都得面对正面和消极两个方面。

海德的一位父亲谈了他的两个孩子之间的关系，以及这如何帮助他迈出了与自己父亲和解的一步：

> 我有四个儿子，作为父母我最感失望的是我家老大和老二似乎对彼此很反感。他们对待彼此的方式很令人失望。在这个家刚开始建立的时候，我的展望和现在的情况完全不同。我知道家人相处可能会有一些困难，没想到他们如此痛恨彼此。我不知道该怎么办。一次，亚伦放学回家，和哥哥起了冲突，最后演变成了身体伤害。我们制止了他们，和他们谈了谈。他们都对我们爱答不理，背靠椅子背，眼盯天花板。好不容易谈了一小会儿，但显然毫无成效。
>
> 后来，亚伦从椅子上站起身，对哥哥说："我一直都很崇拜你，想要和你在一起，想要像你一样。但你一直都不在乎我。也许你以后还是这样，我什么都改变不了。不过我想让你知道，我爱你，我原谅你。"那是改变我们家许多事情的时刻。他的哥哥德克斯特在

椅子上向前探过身来，说：“现在是我欠你的了。”我问他是什么意思。他说：“现在我得提高自己的水平达到你的要求。”

亚伦掌握了成为男人的关键。他的话是我们家说过的最成熟的宣言之一。他能对来自于哥哥的伤害放手，也让我们所有人都能够放手。他一说出这些话，我就知道我需要对自己的父亲说同样的话。

我花了将近一年的时间为此做准备。我和父亲一起去旅行，我们在酒店住下时，我对他说：“你知道，我成长过程中伴随着你那种让人不敢面对、说来就来的坏脾气真是个大问题，对我也产生了很大的影响。这是我作为成年人必须得弄清楚的一件事。”我告诉他：“看，如果你还想在我的生活中有一席之地，就不能那样做。也许这就是你以前的行事方式，不过你不能把它强加给我和我的家庭。也就是说，我想让你知道我爱你，我原谅你。”我说的话和亚伦对德克斯特说的一样。我不知道会发生什么。结果是他哭了。然后他说：“你知道，我也知道自己总是发脾气，每次发完脾气我自己就会感觉好一些。我没有意识到那影响了你，还有其他人。”

亚伦把原谅的概念引入了我们家，他的话也许是我们家说过的最有力的话语之一。当我现在回头看时，当时我得放手孩子们之间的关系，说出需要对父亲说出的话。

另一位海德的父亲，一位内科医生，谈到了他面对儿媳时的抓住和放手：

丽萨怀孕的时候，显然她想要自然生产，而且是在水中生产。我深吸了一口气，想，好吧，也许我可以帮助她。在咨询了一些妇产科医生后，我的心中非常不安，因为他们觉得水中生产还是很危险的。丽萨和我在电话里简单谈了谈，之后她和威廉来看我的时候，带来了一本书，她觉得会帮助我理解整件事情。我看了，更加困惑。我是说，我真的让她很为难。我不放手，她也不放手。最后我的另一个儿子布莱恩说："爸爸，我们得走了。"

我们坐进车里，他转过身对我说："爸爸，你有两个选择。很显然，丽萨要在水里生产。你改变不了这一点。如果你执意坚持自己的做法，你很可能不会和丽萨，甚至你的孙子有一个良好的关系。或者，回去，跟她道歉，也许还可以赢回她的信任。"我说："你是对的。"我们返回镇上，我把丽萨拉到一边，向她道歉。我说："这是你的孩子。你应该决定怎样做才是最好的。我想告诉你，我爱你，无论你做什么决定我都没问题。"她想要我的祝福，这对她很重要。

对我而言，布莱恩对我说"爸爸，你越界了"时，是我真正的真相时刻。要是我坚持己见，可能我和丽萨的良好关系就不复存在，因为我的做法非常不恰当。布莱恩说得对，丽萨也很友好。我得抓住，同时还要放手。我去向上帝祷告说："现在这是你的事情。请保护他们。"对我来说，那真一个很重要的功课。

（后记：丽萨和威廉现在是一个健康小女孩的骄傲父母。）

我们建议，不管是重大问题还是日常小事，都把抓住和放手这一优先重点作为解决问题的方法使用。不要把它们分开来，而是把它们看作流动的、相互联系的。需要伸手抓住东西的力量会帮助你放松对你认为没有自己就不行的事情的控制。我们越是努力抓住和放手自己的问题，就越会发现孩子更加靠近我们，抓住我们的智慧视为他们的资源。

家庭练习和活动

抓住 / 放手练习

材料：纸、笔。

时间：10~15 分钟。

说明：你可以和全家人一起，或是只和一个家庭成员做这个练习。想想你们家里正面临的一个问题。你会怎样“放手”？会怎样“抓住”？

拿两张纸条，一张上面写下你“抓住”的句子，另一张写下你“放手”的句子。比如：“我会坚持相信自己，使用已有的资源解决这个问题。”“我不再害怕和尴尬。”读出你的答案，把“放手”的那一张扔进盒子里，只拿着“抓住”的那一张。（你可能会让别人把“放手”纸条藏起来。）

每个人都花两到三分钟说一说。别人说的时候只要听，不要插嘴。父母和孩子分享这一点尤为重要。不要担心他们不能理解你说的所有话。他们会明白你的努力。

“了解童年”练习

材料：纸、笔（家庭照片可能有用）。

时间：15~30 分钟。

说明：这是给父母的练习，不过在分享思想和情感时也涉及孩子。花几分钟写下关于下面主题的一些话：

- 描述你的童年。好的时刻是什么时候？
- 缺点是什么？
- 你需要父母控制什么，放手什么？

- 你在今天的自己身上看到了哪些儿时的态度？

和家人分享答案。你可能也想分享你如何看待自己对待孩子的态度。找出老照片和家人分享可能也是很好的时刻。

家庭秀

材料：完成家庭秀所需的所有道具。

时间：准备 20~40 分钟；秀 10~20 分钟。

说明：宣布你们要举办一个家庭秀。选一个时间，一起就一个主题，或是让每个人准备几个主题（歌曲、诗歌、舞蹈）进行表演。每个人都要参与。表演完毕后，坐在一起，讨论一下对于这次经历的体验。可以问一些问题：

- “我们彼此学到了什么？”
- “我们必须抓住什么，放手什么？”

冒险并享受吧！

日志问题

1. 说到“抓住”这个词的时候，我会想到什么？
2. 有没有什么妨碍我抓住重要的东西？我生活中需要对此做些什么？
3. 我生活里的哪些方面需要放手？说明一下。
4. 描述一个时刻，我抓住了什么，然后发生了作用？
5. 我放手的能力和家庭其他成员的行为之间有关系吗？

6. 现在我在解决生活中的什么问题？

7. 当我想到上面的这个问题时，我需要抓住什么？

8. 我需要对什么放手？

9. 我该怎样一步步解决生活中抓住与放手之间的紧张关系？

10. 我生活中什么时候最需要退后一步认真倾听？

优先重点 8　创造品格文化

“播种行为，你会收获习惯；
播种习惯，你会收获品格；
播种品格，你会收获命运。”

——查尔斯·里德（Charles Reade）

有许多势力都在威胁着孩子们品格的成长。一个主要势力是影响力不断增长的青年文化，它正在把毒品、性、大量不良同伴的压力塑造成有魅力的形象来诱惑孩子们。还有来自孩子对自我形象的认知所形成的持续压力，这些压力多半来自媒体，它们教孩子们如何打扮自己，如何穿戴衣服，告诉他们需要多大尺寸的腰围才能向世界呈现完美的身材。父母们怎样才能战胜这些邪恶的敌人呢？我们当然不能把头埋在沙子里，希望一切都会好起来。我们必须在家庭中创造一种强大的积极的文化，这种文化会用力量装备孩子和父母，让我们去发现自己到底是谁，同时把我们的信念坚持到底。我们必须抵制试图找到快速解决办法和答案的冲动。

本章提供的方法非常简单，不过需要坚持到底。它们有助于创造一

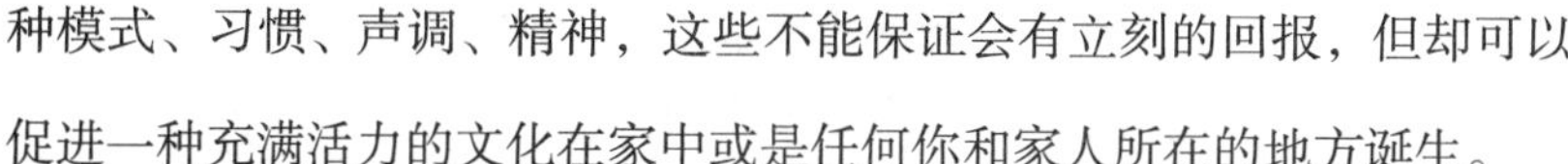

种模式、习惯、声调、精神，这些不能保证会有立刻的回报，但却可以促进一种充满活力的文化在家中或是任何你和家人所在的地方诞生。

行动 / 反思循环：个人成长连锁反应

每次挥杆击球前，职业高尔夫球手经常会说“想象”一下。他们站在球道上，想象着球的路线和轨迹。然后，击打。同样，我们发现，孩子和家长也可以想象个人的成长。在着手创造之前，让我们想象一种富有成效的模式，或是一种充满活力的动态家庭文化。在海德学校，我们有一个概念叫作“行动 / 反思循环”。这个表达来自于我们有时用来定义学校的一句话：“一个基于行动 / 反思循环的社会化道德论。”

说明一下，我们所谓的道德论认为，每个个体都有一种独特的潜能，动态地决定着他的个人命运。作为父母和老师，我们的工作是帮助孩子们最终和这种命运联系起来。我们通过给孩子提供挑战机会来帮助孩子与命运进行连接，在这些挑战中，孩子逐渐形成他们的价值观。这些挑战只有通过对个人品格的检验和展现才能完成。然后学生们自己反思这些体验，也和同学一起讨论。这就是行动 / 反思循环。

下面这个图提供了一个视觉图形，表现学习和品格培养如何发生。首先，学生必须行动：完成家庭作业、完成工作、跑一公里、唱首歌，或者干点别的。然后学生知道了：“每一次行动，我都开始以全新的眼光看待自己。在接受了这个关于我自己的新观点之后，我就会按照它来行动。”这样，行动就帮助形成了新的身份。大多数学生喜欢这种新身份的感觉。他们慢慢喜欢上它，然后继续投入行动。学生开始意识到，这

行动 / 反思循环

参与一次充满挑战的行动

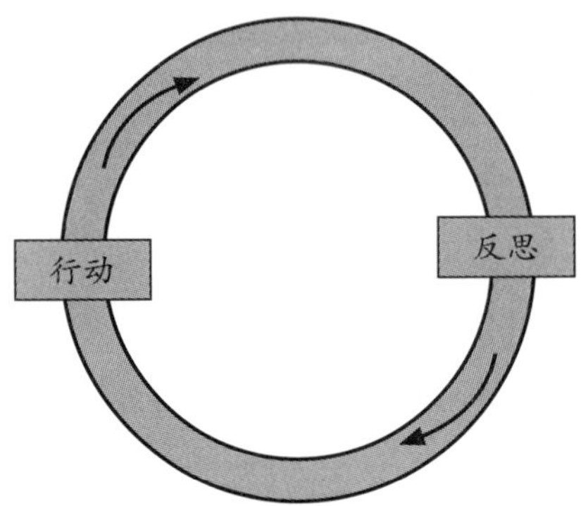

以对于自己全新理解的方式行动

种身份可能只有在不断的建设性行动中才能维持。这样，行动和身份就在一种个人成长的永恒连锁反应中彼此加强。

我们在本书中谈了许多关于增加家庭反思时刻的方法。现在我们要用我们称为“三点计划”的东西来关注行动。本章开头引用的查尔斯·里德所说的名言抓住了这一计划的实质。请花点时间再读一下那句名言。一种全新的家庭品格文化必须从行动开始。每月不间断地投入进行下面的项目。在项目进行中不要评估自己的进步，只管去做。

计划中的三点是：

- 找到一份工作！
- 家庭会议
- 强制娱乐

找到一份工作！

学会怎样工作是我们要教给孩子的重要一课。劳拉写下了她和继父在一起的经历：

我8岁时继父走进了我生活，在此之前，我从未有过一点想把工作做好的念头。在给我平生第一份工作时，他给我做了一个简单介绍。我的工作是修剪后院的矮树丛。在给我示范了如何使用剪枝工具，指导我如何修剪整齐小树顶部之后，他留下了现在在我们家恶名昭彰的一句话："你准备好接受检查的时候告诉我。"我当时还不知道以后会无数次听到他说这句话。（现在我也对自己的孩子说这句话！）

继父留下我一个人，我继续磨磨蹭蹭，这里做一点那里做一点，以为到了吃晚饭的时候他就忘了。妈妈出来叫我吃晚饭。我走进屋子，听见继父说："你准备好接受检查了吗？"我说："当然。"他四下走了几步，不用细看就知道我是在敷衍了事：地上到处都是枝条，剪枝工具还留在小树上面。他告诉我，我的工作没做完，然后就回到房子里去了。透过窗户，我看到家人坐在里面吃饭。我坐在地上，惊讶地意识到继父是认真的，我必须把工作做好。我不记得自己在外面待了多久，不过现在我知道了，我那时是在播种一个"行为"，这个行为最终帮助我养成了如何工作的习惯。

我记得每天我要干的工作——洗刷碗盘锅、摆桌子、开饭时像侍者一样上菜。吃饭时间是我们家的神圣时刻。我们每晚6点吃饭。桌子摆好，蜡烛点燃。吃热狗和豆子也没关系，桌子总是得摆好。吃饭时不许打电话，每个人必须穿好合适的衣服坐在餐桌前，穿好鞋，不能穿睡袍等。工作安排贴在厨房后门上。星期六早上有特别的工作，一般是学一项新技能：换轮胎、学会给浴室的缝隙涂灰泥、修理车道排水沟。有许多技能需要学习，包括与波士顿地铁系统联系、游泳游到最远的浮标、帮助继父的公司邮递大量邮件（他给我们的补偿是：装好一个信封三分钱。）、如何航海、如何滑雪。总的来说，都是关于如何工作的内容——干一份工作，并把工作干好。

抚养孩子的时候，我们知道要用更多同样是我们小时候讨厌的办法。每当我们和孩子们一起工作，让他们看看怎样工作的时候，我们家里的一切都会变得更好。同样，当我们坚持到底，希望工作被很好完成时，每个人都会从中受益，孩子们的脸上也会洋溢着一种自豪感。

一位母亲，也是老师，参加了我们的一期工作坊，分享了关于她家里工作的故事：

我想让儿子承担更多清洁自己房间的工作。那时，我刚刚投入一个新工作，没什么时间打扫自己的房间。一次，当我对他吼叫时，他说："妈妈，我看你也没有收拾自己的东西。为什么我就要收拾呢？"我开始解释因为新工作没有时间，但我突然意识到，孩子也有许多学校的事情和体育训练。于是我闭上嘴巴，转而努力改变自己的习惯，尽量找时间打扫自己的房间。他也开始打扫自己的房间了。

各个年龄的孩子都可以有工作。小孩子可以把玩具放进筐子，把书放进书柜。小学生可以打扫房间、摆桌子、洗窗户、把碗放进洗碗机。高中生可以帮助修缮房子、做特别的工作、干院子里的活、整理垃圾，还有洗衣服。重要的是，每个人在家里都有主人翁的身份。

大一些的孩子可以找到赚钱的工作。作为老师，我们看到了孩子们自己挣钱、坚持做一项工作时的自豪感和责任感。工作也可以解决大孩子的其他一些问题，比如晚睡晚起。如果你的女儿半夜两点才睡觉，一直睡到 11 点才醒来，那么很可能是你教育孩子有一些偷懒放松。工作可以让孩子早早起床，而你可能不行。教会孩子工作，然后期待他们会坚持工作，这是他们日后的人生会感激的一份礼物。

你还可以考虑把工作的整个概念扩大，把那些“我们想让孩子们知道的事情”也包括进来。这类事情包括像是如何：

- 记录电话留言
- 看着别人的眼睛介绍自己
- 坚定地握手
- 写一个恰当得体的感谢留言条
- 在高等餐厅行为得体
- 换轮胎
- 拖地
- 熨烫衬衫
- 铺床
- 了解一个地区
- 看一张街道地图

- 当众讲话
- 发展一项体育技能或业余爱好
- 研究一个地区，然后去看一看
- 做早餐
- 洗衣服（区分深色和浅色）
- 读报纸
- 看望一位年老的邻居，给他读书或者只是聊一聊
- 写一封商业信函或是电子邮件
- 和各种人打交道

家庭会议

在我们的成长过程中，家庭会议是在客厅召开的。如果开会，家里每一个人都知道有人出了麻烦。大家都表情严肃，耷拉着脑袋，然后会有人受到惩罚。很自然，我们都不想开会。

每周例会把我们从只在危机时才聚在一起的陷阱中带出来。在会议中，我们更加关注的是我们需要加强的东西。如果孩子只有在出现问题的时候才能得到家长的全面关注，想想我们是在给孩子教什么吧。家庭例会应该有三个部分：

1. 清理甲板

这是一个航海用语，要求水手们把甲板清扫干净，以免受伤。为了防止愤怒和怨恨越积越多，我们需要在家庭中处理伤口溃烂的问题。例会开始时，先问问是不是有甲板需要清理，就是要求每一位家庭成员分

享上一周让自己感到烦恼的问题。比如：

- 对女儿："我需要清理自己的甲板。上周，我对于你的态度非常生气，并且以我感觉不好的方式当着全家人表现了出来。"
- 对所有孩子："我需要清理甲板。我和你们说过诚实的重要性。这一周，我没有诚实对待工作中发生的一些糟糕事，良心让我不安。我对同事已经说过了。我真的不想和你们分享，不过我知道我需要这样做。"
- 对儿子："我需要清理你的甲板。我对你的恐怖分子一样的态度过于担忧，让你受到了影响。我很抱歉。"
- 对所有人："我需要清理全家的甲板。最近，我跟在每一个人的屁股后面收拾东西。我真的需要你们的帮助。"

在某个人清理了甲板以后，先不要着急回应，可以晚一点再讨论，现在重要的是倾听，想一想他在说什么。记住，说话的时候就无法倾听。

2. 回顾一周

在例会的这个部分，大家可以在房间里走一走，说说刚刚结束的一周。我们过得怎么样？好事和坏事是什么？我们了解了关于自己的什么？我们对什么感到兴奋？下面是我们家庭例会的一些例子。

- 妈妈："本周对我来说挺好的。对在纽约的工作坊我感到很紧张，因为我觉得一开始没什么可说的。我什么也想不起来。不过一旦我开始说起来，所有事情都记了起来，最后我的感觉真是太棒了。我很享受周四和哈里森一起在他的房间工作。我对于早上能够投入锻炼感觉也不错。我真的觉得很好。工作中，我学会了需要和同事更多分享我的想法，因为有时我只顾着全速前进，他们却不知道我在想什么。我期待着下个月的家庭旅行。”

- 爸爸："我真的享受这个星期去看你的足球赛。看到你在球场上的进步，我很兴奋。我想我仍然很难平衡工作和家庭生活。（我知道我每周都这么说。）我发誓会继续努力！”
- 女儿（7岁）："我这一周过得也很好。我学习很努力。我还交了个新朋友。”

同样，当我们谈论每周事情的时候，不需要从家庭成员那里获得回应，除非有人想要评论。

3. 设定目标

到了这儿，我们要来看看接下来的一周或两周我们有什么可以提高的地方。通过讨论，我们设定一个具体的行动步骤。这也为下一周“回顾”提供了依据。这里有几个每周努力的例子：

- “我要和每个孩子进行一对一的活动。”
- “我在工作中要更多地发言。”
- “下周我要每天铺床。”
- “下周我要和爸爸一起做一次晚饭。”

最后，你可能想给家庭例会增加一些自己的传统。你们可能拿出一条家庭原则每周讨论一下。比如，可能是“正直”这一原则。每周选择某个人在例会时讲一个与那周讨论的原则有关的故事，以及那对他意味着什么。我们接触的一个家庭想努力尝试更多冒险。家庭成员把这一想法融入他们的每周例会中，每个人都会讲述自己充满勇气的时刻。

当你开始建起一个传统时，每周例会可能会让人感觉单调、虚假、枯燥，但这种感觉可能只会持续 5~10 分钟。即便如此，你还是要积极投入：播种行为，不久你就会开始收获积极的习惯。让家人轮流承担组织例会的责任，这样就不总是同一个人在召集大家。甚至例会好像平淡无奇的时候，我们也会发现那一周我们有很多富有意义的谈话：在车里，做饭时，晚上睡觉前。我们相信每次我们见面发展起来的反思肌肉会使即兴分享更加容易。无论如何，都把深入的家庭讨论视为一种习惯来看待。每周家庭例会就是一种行动，是在为发展和维持这种习惯提供燃料。

强制娱乐

这个概念的前提非常简单：“我们会作为一个家庭参与这个活动。每个人都会参与，不管活动是不是有趣。”

在管理一所寄宿学校的时候，我们就用了强制娱乐这个说法。学生们在观看每周计划时会发现下面的内容：

周六晚：学生会举办舞会（强制娱乐！！！）

孩子们会嘀嘀咕咕，抱怨不得不去参加舞会。然而到了 7 点半，他们却会在宿舍里精心打扮，女孩男孩都是如此。借衣服、吹头发、烫衬衫，每个人都很开心，他们所需要的就是有人说“你必须参加”。

一个家庭必然是由各不相同的人组成的。孩子们在成长的过程中，有更多自己的责任和兴趣需要实现。然而，我们的头脑中都还有一种家庭生活应该是什么样子的愿景，而这经常是一种对家庭时间的幻想。就像一位继母所说："我看过《音乐之声》，我就想我们的家庭生活应该是那个样子。"我们的愿景可能让我们想象，我们在一起的时间伴着背景音乐，脸上满是喜悦，手拉着手一起在阳光下的海滩上奔跑。听上去真实吗？我们再往另一边看一眼。大多数家庭的真实情景更像是：妈妈在跑步机上看着美国有线新闻网的节目，爸爸每小时查一下邮件，儿子在房间打电脑游戏，另一个儿子在电视机前玩游戏机。共同的经历？几乎没有。

我们让工作坊的父母描述他们喜欢的活动，还有业余时间喜欢做什么。一些典型的回答是：

锻炼

阅读

钓鱼

去博物馆

打保龄球

远足

自驾游参观老房子

素描，画画

游泳

然后，我们又问父母，他们是否曾经尝试过对家人说这样的话："我们明天一起去远足怎么样？”父母的反应从含糊的嘟嘟哝哝到明确的嘲讽，各种都有。（“妈妈，失败者才去远足！”）这时，我们对于家庭团结和共同愿景的看法就会影响我们。我们总是想让每个人都认为家人应该团结在一起。我们太过渴望这种家庭关系，以至于一碰到团结这个问题时，我们就降低了标准，对家人也没有要求，最后我们没有一件事是团结在一起做的。

回顾我们自己的家庭假期，十有八九令人生厌。不是去博物馆参观，就是到历史纪念碑转悠，还免不了在公共场合吵几个小架。今天，我们对于那些在一起的时光感到好笑，不过当时我们显然不觉得有趣。我们的孩子还小的时候，劳拉学到了关于她自己想象的愿景的宝贵一课：

> 一年一度和我的父母在科德角相聚的日子即将结束。父母每年夏天都会租一周的沙滩别墅，然后邀请我们去住。最后一天，我决定我们要在返回缅因州的路上来一次野餐。我做了三明治，还打包了柠檬汁和小吃。让孩子们上车后，我和马尔科姆分享了我的计划。“会很棒，”我热情满满，“我们会玩得很开心，还能省钱。我们不用把孩子拖进餐馆，花一大堆钱，买的却是我们根本不吃的东西。”我没有注意到马尔科姆没有反应。装好东西，我们上路了，我一直想着自己的计划。
>
> 向北开的路上，我们经过一个公园，我说：“在这里停下来怎么样？”然后我们经过一个公园，这里有水和运动场。“看，有运动场，孩子们可以玩。”马尔科姆说：“再开一段吧。”接近波士顿的时候，公园越来越少，但高速公路旁边还有几块绿地。“那个地方。”没有反应。最后，马尔科姆露出了第一个明显的意愿：“也许我们可

以回到家再吃东西。”我的回答是:“可孩子们得吃饭,再说所有东西我都准备好了。”我还抱着幻想。意识到马尔科姆不支持我,我非常愤怒。他好像根本不想理睬我的主意,只想用最短的时间开回家。(“晚一点在我们自己的后院野餐怎么样?”)我们到达一号公路时,已经没有绿地了,全是无尽的商店、商场、餐馆和加油站。我的愤怒演变成了深深的厌恶。

可以说,这个故事最后的结局是在一家大商场前面的三角形蟹草里,和我的愿景中的“野餐场景”大相径庭。孩子们在停车场跑来跑去,食物掉在地上,马尔科姆也不和我说话。回家的一路上我气得一言不发。

现在想起来,显然那时我仅需要遵循强制娱乐的原则就可以。如果是轮到我来决定强制娱乐,我可能会平静地宣布:“我们去野餐吧。”然后大家都不得不参与。如果马尔科姆不高兴,那是他的问题。

我们建议你每个月尝试几次强制娱乐。给每个人一个主持活动的机会,让他提出自己的娱乐方案。显然,一些原则是必要的,不过你还是尽量做一个士兵吧,让孩子把你带入他们的热情。我们18岁的孩子喜欢游泳。冬天最冷的时候,劳拉最不想做的就是剔腿毛,穿上泳装,去当地的泳池游泳。不过每次这样做了,她都玩得很开心。全家人都很开心。那就是强制娱乐的魅力。即使当时感到痛苦不堪,我们也会在日后重新讲述故事和分享共同经历的时候感到开心。一些典型的强制娱乐有:

打保龄球

滑雪橇

全家人大声朗读

远足

自驾游

画画

游泳

骑车

散步

去博物馆

一起做饭

野营

看家庭电影

海滩漫步

出去用餐

看望爷爷奶奶

去游乐场

上图书馆

你可能很想把工作、家庭例会和强制娱乐这些活动推广到社区，使整个社区也像一个家一样：帮助社区里的老年人把落叶耙成一堆，或是铲掉他车道上的雪；一家人在救济厨房当一天志愿者，你甚至可以创造一个家庭假期项目，不是去国外，而是就在社区开展服务。

如果我们想让孩子对品格培养发生兴趣，就需要塑造这样一个观念：品格培养是终生的追求。播种这些行为会锻炼我们的行为 / 反思肌肉，加强家庭文化，支持我们成为最好的自己。我们最近读到一篇文章，说的是一个家庭在后门上贴着一句简单的话：载誉归来。我们把这一信息解读为："你来自一个有原则的家庭。当你离开家时，你代表着自己，也代表着家庭。带着尊严和正直去做吧。"

在我们的一期工作坊中，一位父亲说，他的激情没有在家中得以表达，因为没有人想按照他希望的方式度过一天。他说："慢慢地，我的精神与家庭失去了关系，只好让我的妻子照顾一切。"他的妻子说："各种事情都需要我来办，即使是买足球设备。有些事我根本没做过，可那也挡不住我！"分享我们的兴趣其实是在向孩子展示他们需要看到的我们的另一面。他们表现得好像不怎么感兴趣，不过实际上他们是有兴趣的，而且那会给他们留下深刻印象。所有这些努力都会创造共同的家庭经历，成为家庭历史的重要部分，被一直传承下去。

愿景、严格、协同配合

本章从一开始就在讲三种品质：愿景、严格、协同配合。"愿景"教导孩子生活中有一个更大的目标，他们需要努力发现自己的独特潜能。家庭例会有助于培养家庭愿景，把目标保持在"高线"之上。

"严格"告诉我们投入日常行动之中并要求自己做到最好。工作和家庭例会的期望教会孩子生活需要付出代价，只有竭尽全力才能成为优秀。我们常常抗议严格，因为我们想要更为轻松的方式，最终我们却可能更感激那些严格要求我们的人或情境。

最后，没有"协同配合"，就算我们努力了也永远不会实现自己的潜能。为了发现自身的伟大，我们当然需要别人的帮助。正如海德创立者约瑟夫·高尔德所说:“别人能以我们自己不能的方式看到我们独特的潜能。”在家庭中，彼此分享成长会打破无效的模式，创造共同的经历，带来彼此信任的关系。强制娱乐正是一条可以将愿景、严格、协同配合三者连接起来的大路。当所有的家庭成员联系在一起时，强制参与将我们的愿景和协同配合联系起来。

本章一开始我们讨论了播种行为的必要。所有这些想法要得到实现，我们首先必须努力投入一段时间，并且是不计后果。你也许惊讶于接下来会发生的事情，不过要抵制宣告成功的诱惑。这里的关键是全心“播种”，而不是“收获”。收获早晚会有的。

家庭练习和活动

工作调查

材料：不需要。

时间：15~30 分钟。

说明：这个练习可以和小孩子一起做，不过你需要判断一下他们是否合适。给每一个家庭成员布置下面的任务：

> 找到社区里上班的人，请他们谈几分钟，问他们什么是他们最看重的职业道德，他们的同事又是怎么看的。

让每个家庭成员准备好向家人汇报他从谈话中学到了什么。然后讨论家庭成员如何把学到的东西付诸行动。比如：妈妈：少做一些事，也少关注一些事；爸爸：每天收拾浴室；儿子：坚持把一项工作做到底。

家庭例会之夜

材料：晚餐、音乐、蜡烛。

时间：约两个小时。

说明：决定一个晚上开家庭例会。一起做饭，享用烛光晚餐。分配晚餐工作，如摆桌子、做沙拉等。每个人都参加收拾。饭后，在家里找个地方开会。（不要做饭和开会同时进行。）

强制娱乐剪贴簿

材料：照相机、剪贴簿。

时间：每个强制娱乐活动 15 分钟。

说明：把强制娱乐活动记录在日志里。让某个人画一张图当封面（比如，史密斯强制娱乐）。然后用照片（一次性相机更方便，孩子们也可以使用）、画画、名言（不要太长或有不会写的字）把每次活动记录下来。让这一次强制娱乐活动的发起人负责把它们贴在剪贴簿上。把本子放在咖啡桌上或是一个醒目的地方。

日志问题

1. 当我还是个孩子的时候，我想干什么工作？
2. 谁教过我干工作？我从他们那里学到了哪些经验？
3. 小时候我怎样照顾自己的东西（房间、自行车等）？
4. 成长过程中我做过哪些重要工作？
5. 我的第一份真正的工作是什么？我和家人分享过它吗？
6. 我怎么评价自己孩子的工作道德？还有自己父母的？
7. 我能采取什么步骤把更好的工作道德引入家庭？

8. 我们一家人会隔多久坐下来谈论自己？

9. 我们家谁承担把大家聚在一起开例会的任务？我们怎样分担这个任务？

10. 小时候我有哪些现在看来是“欢乐”的时光而当时也许并不觉得“欢乐”？

11. 我觉得什么是欢乐？其他家庭成员对我的看法作何反应？

优先重点9　谦卑地寻求和接受帮助

我不知道什么是宇宙的中心；我只知道我不是。

——海德学校的常见标语

作为父母，劳拉相信谦卑是她学到的最深刻的功课。当我们还是年轻教员时，有同事抱怨家长的时候，我们经常附和他们。对我们来说很显然，许多学生的家长很软弱，他们太快屈服于孩子的态度。现在，当我们听到年轻老师谈论某个家长完全管不住孩子的时候，我们就会纠正他们："你们自己做父母以后也会管不住孩子的。"这是很自然的事。我们太爱孩子，爱上他们的潜能，却常常看不到他们的问题。我们对孩子、对培养孩子的看法如此不切实际，所以常常一碰到现实就被击倒在地。

作为父母，我们在偏离轨道时学到的最多。如厕训练的故事是劳拉学到父母应该谦卑的第一课。她需要掌管局面的做法妨碍了让孩子自己去解决问题。劳拉现在知道这是马哈丽亚的问题。她也知道当你只在意做一个好家长时很难看得这么清楚。

我们觉得困难的还有一个事实，我们总是感到有一种持续的压力让我们不在意养育子女的脱轨时刻。我们似乎应该知道自己在做什么。孩子们似乎应该在父母面前表现良好。对我们来说，“需要别人”常常被看作是懦弱的标志。我们的文化经常鼓励人们否认有任何不能解决的问题存在。因此，对我们许多人来说，寻求帮助可能相当困难。正如一位母亲所写的：

> 寻求帮助的想法对我来说是个挺严重的事情。我觉得我是通过对自己负责来定义自我价值感的。我是说，回顾过去，我真的都是自己做需要做的事。我的第一个想法不会是寻求别人的帮助。

有一天，我们会看到这种观念的落后性。寻求帮助应该被看作是一种优势。我们应该欢迎别人的帮助，把它作为一种推动我们和孩子前进的方式。我们应该把障碍看作是个人成长的催化剂。我们的社会不承认寻求帮助的能力和个人的潜能有关。如果不发展寻求帮助和给予帮助的能力，我们就无法做出伟大的事情。这种改变需要从我们开始。如果我们能够更好地寻求帮助，孩子们就会更深地信任我们，甚至会开始把我们作为一种资源来寻求帮助。下面是如何寻求帮助的几点想法。

我们多久才会“真的”寻求一次帮助？

劳拉写道：

> 虽然我已经在寻求帮助方面比以前好多了，可是对我来说有些事做起来还是不容易。我认为自己能力很强，能够自己把问题搞

定。当然，我在孩子们身上看到他们多么需要寻求帮助。马哈丽亚最早说出的整句话有一句就是：“我自己能行！”我想要帮助她，她却给了这样一个强调的声明。我看着她想：“哇，她可真硬气。”不过她从哪儿学的这样呢？很多是来自她的妈妈。

这么说并不意味着我不看重自立。自立是我希望孩子们拥有的一项基本素质。从我自己的父母身上，我学会了自己做事情的重要性。然而，生活也教会了我，为了自己或为了孩子达到更高的期望，我需要在旅途中让其他人参与进来。

多年后，马哈丽亚和劳拉又有了一次寻求帮助的真相时刻。马哈丽亚不喜欢写作业。虽然她在班里是成绩优秀的学生，却还总是急着第一个交作业，结果就是作业常常完成得敷衍潦草，没有达到她最好的水平。就这一点，我们进行过一些紧张而热烈的讨论。

有一次，她崩溃了，哭着说：“你们知道，我真的不知道乘法口诀表。我知道一些，可是很多答案我不知道。”她继续说：“我问斯考特（她的小妹妹）一个乘法问题，她已经喊出了正确答案，而我还在背后用指头计算呢。”我想她能承认这一点真是太好了。更难的是，我意识到是我为她做了一个不好的榜样。生活中有很多时候，我都表现得无所不知，自信满满，其实手指头却在背后盘算着怎么才能搞清楚，因为我的内心这么认为，如果寻求帮助，人们就不会尊敬你。

孩子多久会看到我们真的需要帮助?

我们的孩子每天都在新的处境中面临新的挑战。作为成人，我们常常会待在自己能力所及的舒适区。我们表现得自信、有能力，通常不会进入让我们害怕的领域。我们的态度可能在家中突然爆发，却很少出现在工作中。劳拉说高空绳索课程是一项挑战，真的表现出了她作为一个人最糟和最好的方面。所有这些大家在工作坊中都看到了。

劳拉写道:

抬头看着高高的树时，我开始想起我对于高处从来有一种不舒服的感觉。有一个绳梯松松地垂下来。为了爬上梯子，你需要用臂力拉着自己攀上每一级阶梯。我开始爬梯，心脏开始剧烈跳动，不过我爬到了上面，把自己悬挂在了树上。

下一个要素是猴藤。它要求我抓住一根悬挂的绳子，同时在离地面 30 多英尺的一根细钢丝绳上向前走。就在前头还悬挂着另一根绳子，为了抓住它，我需要松开手中的绳子，快速向前移动。这样，有一秒钟，我会处在两根绳子之间，非常危险。我知道，如果掉下钢丝绳，安全绳不会让我掉到地面上，下面我的同伴会拉紧绳子，让我悬在空中，直到我下去或是回到钢丝绳上。

当然，我知道摔下去就是失败。我不敢松手向前移动。我开始恐慌。下面有几个人在令人讨厌地高声叫喊。“你能做到。”他们喊着。我想:“好的，劳拉。你得让他们看看。”我喊道:“闭嘴。你们不知道站在上面是什么感觉。”“不，我们知道，我们做过。你能行。”他们又喊。我不知道还能在钢丝绳上站多久，不过最后我跨了过去，抓住了绳子。

在丈夫和同事的帮助下完成了任务，我感到非常自豪。由此我也想到，生活中的大多数时候我都是待在自己的舒适区，因而总是表现出积极向上的样子。在绳索课程中，我发现了自己对自己也有无法把握的那一刻，并且我允许自己的这种态度展现在其他人面前。那一刻很痛苦，那一刻却也让我得到释放。并非万事齐备我们才能行动，从此我决定花更多时间挑战不确定的领域。

对于许多海德家庭来说，绳索课程都是关键的一次经历。对许多人来说，那也是少有的孩子们看到父母的脆弱需要他们帮助的时刻之一。

大多数父母都想在孩子面前表现出自信满满的样子。然而，我们发现，当我们愿意让孩子们看到我们也有需要帮助的时候，他们经常会受到鼓舞。在绳索课程中荡来荡去，或者我们晚上坐在他们的床边，分享我们对于某件事情的担忧，都是这样的时刻。当孩子们看到我们的那一面时，他们会更加理解自己的挣扎。他们把自己的挣扎看作是生活的一个正常部分，而不是要掩藏的东西。他们也能以强有力的方式帮助我们。劳拉和马哈丽亚分享她对于哈里森的忧虑的那个晚上，马哈丽亚拍着劳拉的背说:“妈妈，会没事的。”她虽然稚嫩却乐观的愿望真的帮助了劳拉。

学会带着热情承认错误

我们很容易陷入这样的想法，自己的长处和成功会鼓励孩子。而当我们向孩子们表现出承认错误、继续向前的能力时，他们真的会尊重我们。虽然不容易，但加强这方面的训练会增强这种能力，也会让承认错误更加容易。幽默和自嘲会在这一点上帮助我们很多。马尔科姆的姐姐和她的丈夫在他们的儿子扎卡里还是个学步孩子的时候就知道了这一点的重要性：

> 我们正开车去华盛顿特区，车却突然爆胎了。当时交通很拥挤。我下车察看车胎。我走到车后，想看看该怎么办。我没拿出说明书，而是开始摸索，想自己弄清楚。我知道妻子和3岁的儿子想急着回家。我修了半天还不见效，但我还在试，这时我听见儿子说："妈妈，我们有麻烦了。爸爸不知道他正在干什么。"现在回想起来我们还都觉得好笑，不过很显然，要是我当时看看说明书，而不是表现出好像什么都知道的话，情况肯定会好很多。

让其他人进入孩子的生活教他们

我们想让孩子们知道的最重要的事情就是，有些事情我们自己教不了他们。不过，我们可以让开路，让别人来影响他们。这需要谦卑。当孩子们发现我们不是那么大包大揽的时候，他们就会很自然地寻求别人的帮助。我们还记得缅因州的一位父亲讲过一个故事，说的是小时候有一次，他曾在社区里跑来跑去骂一个自己的朋友。一位母亲看到他这样，就对他说："强尼，你现在该回家了！"他走回家，发现自己的母亲坐在后门台阶上，手里拿着一条肥皂，对此一无所知。孩子遇到事邻居们都会说上一两句，并不需要做出什么解释。他后来承认了自己的错误，并且渐渐意识到邻居们是在帮助他做最好的自己。虽然那种对待孩子的特殊方法现在也许过时、过于严厉了——马尔科姆还记得过去他在别人家借宿时妈妈对他朋友的父母说："你们知道他是怎样的孩子！"——我们今天还是需要建立同样的人际网。

我们也需要允许别人指出我们脱轨的时候。尽管听上去很简单，但也需要你谦卑地对朋友说："当你认为我教育孩子脱轨时，请你随时告诉我。我可能不喜欢听，不过我真的想知道。"有时，我们可能会为自己的做法难过，有时也可能感到好笑，不过我们首先需要知道。

劳拉承认她最近采用了一点"贿赂"的手法，甚至自己都没有察觉到。哈里森在学校的表现很糟糕，老师打来电话，要求我们提前接他回家。劳拉到学校的时候，哈里森还不想走。走回家的路上，甚至已经到了家里，哈里森一直都哭哭啼啼。劳拉却很冷静。她不想受他发脾气的影响，她只是平静地看着报纸，直到他安静下来，然后才开始注意他。不过，她说："哈里森，如果明天你表现好一点，爸爸就带你去买冰淇淋。"后来，当我们和朋友分享这件事时，大家都笑了起来。多年来我们在海德新生家长身上也看到了这种令人惭愧的贿赂做法：

- "如果你去夏令营，就能得到那辆摩托车。"
- "如果上了光荣榜，就给你买新滑雪板。"
- "如果表现好，夏天就去旅行。"

我们需要请别人看看我们真正做的是什么。以我们的冰淇淋事情为例，实际上是劳拉害怕哈里森第二天表现又不好，接下来表现再不好，接下来……他前面所有的进步岂非毁于一旦。更好的做法可能是和别人说说她的担心，得到帮助，而不是想着帮助儿子有好的一天，那需要他

自己来做决定。

有时，我们可以在家中设立一个不成文的约定。孩子们不想告诉我们真相，我们做家长的也不想听到真相。要获得我们需要的帮助，让家中充满诚实是第一步。当我们把真实看得比其他东西都更重要的时候，我们就是在允许孩子帮助我们。寻求帮助和接受帮助的家庭都会发现，他们获得了个人和家庭的成长。一位父亲写道：

> 为人父母给我的最大回报是改变了自己的生活哲学。我过去坚定地相信个人主义，自我满足需要，不相信别人，拒人千里。在海德，我知道了把真实的自己展示给别人是多么有回报的一件事，表现出自己脆弱的一面是怎样让生活更丰富多彩，而不是索然无味。

海德的一位资深家长写下了儿子用他的诚实评价帮助她的重要时刻：

> 我逐渐意识到我正在按照别人写好的脚本来生活。我不得不注意这一点，并意识到我是在通过他人、通过母亲和妻子的角色来定义自我。我得是完美的母亲、完美的妻子、完美的女主人，一切都不容有失。有时我意识到那不是我，不过又不知道该从哪里开始重新定义自我。
>
> 儿子和我参加海德家庭讨论会时，一个重要的真相时刻到来了。大卫对我说："妈妈，我害怕你后半辈子只是打网球。"有趣的是，他不记得自己曾说过这些话，不过这些话却击中了我的心。首先使我震惊，然后又让我害怕，后半生这么度过也太空虚了。那个时刻真正开启了我的发现之旅。

今天，我和儿子的关系完全是开放性的。我和他分享我的艰难，他也一样。我们一起谈论对于如何实现目标的关注。我们的关系成了一种深刻而互相关心的成人关系。大卫是我最伟大的老师之一。

许多令人鼓舞的孩子帮助父母的故事都开始于父母深深的谦卑。劳拉记得的一个特别感人的故事跟她教过的一个年轻人有关:

他来海德时间不长，父母都很好，是那种大多数人都想成为的父母。他们对儿子能上海德非常高兴，不过他们不确定自己是不是愿意在家庭讨论会上分享自己的想法和情感。学期中，年轻人很显然因为什么事情而挣扎，不过当我们请他说说时，他说:“我真的不能说。”我想让父母说说，不过他们显然也不想说。这倒搞得我手足无措。我不能强迫他们说出自己觉得不舒服的事情，不过我也看到儿子在诚实表达自己和忠诚于家庭之间举棋不定。

关键时刻在一次家庭周末的时候到来了。神秘的事情又一次出现了。这次儿子转向父亲说:“这件事真的妨碍了我们。”父亲看上去很痛苦，现场有一种令人尴尬的沉默。我屏住呼吸等待着。房间里静悄悄的。最后，我冒险对父亲说:“我不能告诉你怎么做，不过这是一个机会。”等了几秒，父亲放弃了挣扎。孩子发现了家里的烟壶，是爸爸的。爸爸说了和以前的高中朋友一起抽大麻的事情。爸爸对此感觉并不好，不过不知道是不是应该开诚布公地解决它。这时，另一位父亲说:“就这些吗？我想那真的有些差劲！”房间里所有人都笑了，这家人如释重负。

第二年，这个学生升入最高年级，他的父母也成了社区的领导者。在一档全国播出的电视节目中，我们讨论教养孩子的问题，这位父亲也应邀参加了节目，并且很轻松地和采访者分享了他的故事。后来，我在健身房偶然碰到这对父母。我们互相开玩笑，妻子转过身对丈夫说：“你没意识到自己的故事会让全国人民都知道吧！”丈夫则不急不躁地说：“得到了儿子的尊重，我才不在乎谁知道谁不知道。”

另一位父亲谈到了向儿子寻求帮助，以及这件事对他的影响：

向自己的孩子寻求帮助可不容易。几年前的夏天，我有一种不舒服的感觉，持续了好久，我知道和我儿子有关。我不知道发生了什么，也不知道为什么会有那种感觉。我很害怕，一天晚上，我等着他回家，很晚还没有睡觉。我说：“我需要你的帮助。我想和你谈谈。我觉得我们俩的关系越来越不好，我总是期待着最坏的事情，也想着最坏的事情。”那一晚，我们谈得非常好。我们坦诚相对，没有任何隐瞒。我感到寻求他帮助我们两个人，是我们关系中重要的一刻。那把我们带到了一个新的境界。

在家里树立谦卑的榜样

你是否有时有这样的感觉，就是孩子们对于给他们的东西毫不感激？我们不光有时感觉到这一点，多年来还亲眼看到过无数学生认为他们拥有的东西、假日旅行、教育机会是理所当然的。最重要的是，我们看到过许多学生把他们最大的资产——关心、支持他们的父母——看作是负债。我们怎样才能帮助孩子理解给予他们的真正礼物呢？我们可以从认识我们自己的礼物开始。我们是不是建立了一种以自我为中心的生活？我们拥有的财产比我们生活的目标更重要吗？如果在生活中我们的自我胜过了良知，那样的话，如果孩子认为他们得到一切理所应当，我们就不该感到奇怪。理解我们在更大范围中的角色有助于在家庭中建立谦卑的态度。一位父亲谈了自己的谦卑：

> 对我而言，谦卑是个大问题。我曾经很傲慢，是一个很自以为是的人，这也影响了我的家庭。在家里，我的态度是我知道什么是对的。我和妻子度假时我深刻地体会到了这一点。自从孩子们出生以来，也许那是我们两个人第一次单独相处。一旦离开日常生活，我们的关系就充满了紧张的感觉。
>
> 参加海德的课程后，我开始意识到我有多么固执，对别人不闻不问，而这对任何人都没好处。那是一段让我学习谦卑和寻求别人帮助的重要时期。以前，我在自己的四围筑起高墙，给人一种高高在上的样子，其实是害怕失败。现在，我让谦卑成长，让包围我的墙倒塌，然后让真实的自己暴露出来。

另一位母亲分享了一个时刻，她以谦卑的姿态诚实地向女儿展露自己。这是在我们向孩子请求帮助时，许多看似微不足道的日常生活例子中的一个。

> 我一直讨厌针线活，从来都做不好，一提到缝缝补补我就万分沮丧。多年来，我尽量不做针线活。可是这一次我女儿的舞蹈服需

要很大的改动。我没有把这个活计送到缝纫铺，而是想着自己能做。就在舞蹈服要用的前一天，我意识到自己做得太糟了，送到外面也已经来不及了。我哭了起来，心想："这下真不行了。哭都来不及了。"

女儿走了进来，看见我在抹眼泪。我的自然反应是想说眼睛有点不舒服，而不是告诉她事实。不过我决定坦白。我告诉她我多么讨厌针线活，我完不成任务了。"我需要帮助。"我的女儿马上开始帮助我。我们一起干了起来。现在，这是我们经常说到的事情之一。结果还不错，但当时我扮演了一个很困难的角色。

我们的部分责任是要把孩子培养成为他们所能成为的最好的人，我们的一部分努力应该是使自己成为灵性的家长。这是一个很难探讨的主题，因为人们对于灵性和宗教这些主题经常会感到不舒服。我们当然不是假装自己知道养育儿女灵性需要的方方面面，不过我们渐渐相信家庭成长过程有三个要素至关重要：(1) 我们作为家长担当的角色；(2) 孩子担当的角色；(3) 更高力量担当的角色。

马尔科姆的父亲、海德学校的创始人约瑟夫·高尔德把灵性父母定义为"能够谦卑地接受有一种更高的力量决定着孩子的目标和命运"。当被问及更高的力量指的是什么时，他说："虽然你不一定相信上帝，可是你得接受这样一个事实，你不是宇宙的中心。"如果我们的行为表现得好像我们是宇宙的中心，那就会让孩子也遵从这个模式。如果我们在孩子的成长中扮演了太重要的角色，那么可能就在不知不觉地让他们对我们负责，而这违背了生活的深层事实。如果我们控制太多，那就否定了他们的学习机会，在进入纪伯伦所说的"明日之屋"以前，他们需要这样的机会。如果我们扮演被动的角色，那他们可能永远也无法培养起自律感。我们需要记住，不管有意无意，我们总是在教孩子。无论我们选择关注什么（或不关注什么），都会影响孩子。

作为一种关注的方式，下面这些问题所有家长都可以问问自己：

- 我们可以在多大程度上控制孩子的成长？
- 我们可以在多大程度上相信超越我们的东西？
- 我们培养孩子的时候是重视原则，还是个性？
- 孩子失败时，谁负最终的责任？

接受灵性成长过程中我们角色的有限性并不意味着我们在教养孩子时放弃积极的角色。它意味着，我们必须接受有力量不在我们的控制之中。有时，当我们让孩子负责自己行为的后果时，他们会发现自己更大的潜能。而如果他们知道关键时刻我们会介入，他们就不太会负起责任。总的来说，我们在孩子生活中扮演的角色越大，他们自己扮演的角色就越小。

最近我们参加了一位同事的葬礼。在葬礼上我们听到了很多关于这位女性的故事，不过她儿子说的话最打动我们："我们对的时候母亲站在我们身边，不过我们也知道她永远不会让我们依赖她。"这位母亲明白她自己的角色，她没有干涉孩子成长过程中的其他部分：孩子的角色和更高力量的角色。我们都记住了这一句话，提醒自己要允许孩子理解生活的深层意义。生活不会像我们对待他们那样对待他们。如果我们做父母的都能演好自己的角色，那么我们在家中建立的基础就会帮助孩子，而不是束缚他们。

20世纪80年代中期，马尔科姆和一些校长在缅因州飓风岛拓展训练学校上了一个周末的迷你绳索课程。爱达·勒山（Eda J. LeShan）的读物给他留下了深刻印象，从那以后我们一直使用这些内容。

> 我见到了一位海洋学家，他问我知不知道龙虾在那么坚硬的壳里是怎样长大的。我不得不承认自己从来没有考虑过龙虾是怎样长大的这个问题。不过既然他提到了，那龙虾到底是怎么长大的呢？
>
> 他说，龙虾长大的唯一办法就是定期蜕壳。当它的身体在壳下开始感到束缚难受时，龙虾本能地会寻找个相对安全的地点休息一下，同时让硬壳脱落，此后原来里面粉色的膜会逐渐长成下一个新壳。无论龙虾去哪里蜕壳，它都很脆弱。它可能会被抛在暗礁上，或是被鱼吃掉。换句话说，龙虾不得不冒着生命危险长大……
>
> 我们都知道什么时候我们的壳太紧了。我们因为生活不再兴奋或是充满挑战而感到生气、沮丧或是恐惧。我们做着相同的老套的事情，慢慢开始感到无聊。或者我们做的事是我们讨厌的，在自己的壳里感到窒息。我们中的一些人继续在已经废弃、无法生长的旧壳里透不过气。那样至少我们觉得安全——没有不好的事情会发生在我们身上。与这些人相比，有一些人则非常幸运，他们即使知道自己很脆弱——前面有危险——也意识到必须冒险前行，否则就只能窒息。

只有发展自身寻求帮助的能力，我们才能变得强大。我们越是谦卑，孩子们就越觉得我们是他们的资源。他们也能学会寻求并接受所需要的帮助来实现自己更大的潜能。

家庭练习和活动

诚实评价

材料：不需要。

时间：每次评价 15 分钟。

说明：想想生活中的三个人，你愿意得到他们对你的如实评价。（不要去想你是不是需要这个评价。想想你会从中受益多少！）问他们下面的问题，或是自己设计问题。

- “你怎么看待我？”
- “你认为我的优点是什么？”
- “我需要在哪些方面努力？”
- “你觉得什么在妨碍我做到最好？”

试着只去听——不要说——然后感谢他们。你也许还想问问家庭成员和朋友。

互换工作

材料：做特定工作所需的任何东西。

时间：根据工作而定。

说明：让每个家庭成员说出一项他现在正在做的工作，这项工作总是带给他厌烦、压力、不堪重负以及诸如此类的感觉。比如：付账单、用洗碗机洗碗、打扫卫生间、晾晒湿毛巾、洗车。

让另一个家庭成员做这项工作一天、一周或一个月。（家长注意：

你可能得放弃这样的想法，即你觉得孩子不会做得比你好。）互换工作结束后，开一次家庭例会讨论学到了什么。

“加工处理”

材料：不需要。

时间：20~30 分钟或更多。

说明：这是我们在扩展的大家庭做的活动。密码词是“加工处理”，意味着你需要获得帮助来做事情。（有时从说出密码词开始。）想想占据你脑子的某件事情。可能是关于工作、朋友或家庭的。请别人帮忙“加工处理”，并和他们分享你所面临的困难。然后是最关键的部分：聆听。聆听还有思考他们的回应非常重要。然后，如果可以的话，开始行动吧。祝你好运！

日志问题

1. “谦卑”这个词对我意味着什么？

2. 我生活中什么时候需要帮助并寻求了帮助？发生了什么？

3. 我生活中在什么地方寻求帮助有困难？

4. 有人向我寻求帮助，我的感觉如何？

5. 我多久向孩子寻求一次帮助？

6. 我自己最深的梦想和愿景是什么？

7. 良知在我的生活中扮演着什么角色？

8. 我的家庭成员如何激励了我？

9. 我的家庭对我意味着什么？有什么东西妨碍我和家人分享吗？

10. 我能采取哪些具体步骤实现全家的最高愿景？

优先重点 10　激励孩子是我们首要的工作

孩子最想从你那里得到什么?

在本书的开始我们请你说出未来 20 年对孩子的最大希望。我们得到的回答有:

快乐

诚实

有成就

自立

关心社会

经济安全

健康良好

有基本的道德品质

在本章我们请你从望远镜的另一端来看看。换句话说就是,孩子最想从你那里得到什么?

在回答之前，我们的经历让我们得出的结论是：父母总是误解这个关键问题。回忆一下你的青少年时期，想想你成长过程中是怎样回答想从父母那里得到什么这个问题的。就像马尔科姆在“最艰巨的工作”工作坊中所说的：“我想我可能希望父母在餐厅或是其他公共场所的时候更加‘冷静’。”情况可能是，孩子处在根本不想在公共场合被人看到和你在一起的阶段。这些情感对于他们来说只是青春期的困扰，作为父母，我们得接受一些暂时的拒绝。在现在的马尔科姆看来，他终于明白他当时想从父母那里得到什么。我们敢说，孩子想从你那里得到的东西都一样：他们想让你激励他们。

他们甚至可能不知道想从你这里得到激励，根本毫无意识。然而，他们想要受到激励的愿望很可能是他们最强烈的渴望和最大的希望。

一位父亲在和儿了的一次热烈交流之后意识到了这一点。他写道：

> 当时是我们第一个为期三天的家庭学习中心周末的第一次小组讨论。妻子、儿子、我，还有十来个家庭围坐在一起。轮到我们说说自己感觉到的家中存在的问题，我像往常一样先说了起来。我开始自以为是地说起家中的进展，但儿子打断了我。“不是那样的。爸爸。你总是说得听上去你很好，看上去也很好，我的朋友们都认为你不错，可我从不知道你为什么奋斗。我知道你的成功有哪些，可是你的价值呢，你的原则呢？你从没说过，我在你的行为中也看不到。领导力？你从没表现出过领导力……你总是回避问题，要么划赛艇要么看书逃避问题。勇气？的确，你开着喷气式飞机飞越障碍，可是你害怕面对我，像是我和哥哥打架的时候。爸爸。听着。有时我只想你能对我说‘不’。”

这位父亲意识到他在成功文化中所取得的成绩没有能激励儿子。事实上，它们构成了障碍。儿子不但对自己获得这些成功的能力产生了怀疑，也没有感觉到他能和父亲分享这些疑惑。像许多父母一样，这位父亲认为可以通过成功激发孩子。多亏了我们所说的“承认的意愿”，他知道了只有我们遵照自己的信念、付出最真诚的努力来生活，这样才能激发孩子。这位父亲开始和儿子还有其他家人构建一种新的有意义的关系。

如果读者能从本书中获得一点什么的话，我们希望会是这样的信息：孩子们最受激励的时候，是看到我们努力提高自身、我们努力培养自己的品格、我们努力践行我们所宣扬的主张的时候，以及他们看到如下这些事情发生在我们中间的时候：

- 把真实比和谐更重要这个原则应用在夫妻还有同事的关系中。
- 遵守律法的精神（原则）多过遵守其表面的字意（规则）。
- 在日常生活中把态度看得比天分更重要。
- 在个人生活和职业生涯中瞄准高目标。
- 冒着失败的风险努力以实现成功。
- 把生活中的障碍视为机遇。
- 在职业生涯和个人生活中懂得抓住和放手。
- 努力在家庭中坚持品格文化。
- 谦卑地寻求帮助。
- 寻求过一种激励人心的生活。

激励孩子的路线图

我们说过，成功本身不能激发孩子。事实上，成功可能让孩子们远离自己的潜能，因为他们对我们的感觉会不真实。（“我爸爸如此强大，好像总是什么都能做对。”）就像一位学生在一次“最艰巨的工作”工作坊之后对父亲说的：“爸爸，我过去因为你体育好而仰视你。现在你也会情绪化，并且愿意分享自己，我对你有了新的尊重。”

我们已经发现，激励孩子有三种基本的方法：

1. 当我们分享自己的挣扎和情感时。对于大多数家长而言这很难。我们经常希望说服自己，我们的孩子也许不能接受我们的脆弱。我们的挣扎也可能很深、很难，或者每天都不一样。但无论怎样，孩子们应该看到我们的这一面。既然孩子们很可能正在因为某些我们未曾意识到的事情而挣扎，那么他们一定会因为我们把自己不能解决的问题分享给他们而感到安慰。

海德的一位父亲谈到了冒险跟他的父亲分享自己感觉的经历：

> 海德给予我的礼物不仅让在我自己家中受益，而且也改善了我和父亲的关系。父亲从来没有告诉我他爱我，我也从未告诉过他他对我有多重要。我坐下来给他写信，是因为我担心他可能会突然生病，然后我就再也没有机会了。而当我告诉了他后，我们的关系出现了令人惊奇的变化。从那时起，他能够告诉我他爱我。

海德有一位三个孩子的父亲谈了他不得不做的一个艰难决定，以及

和家人分享那个决定的事情:

我决定辞职的时候心里有很多想法，主要考虑到孩子们可能会受到影响，还有他们会有怎样的感觉。让我吃惊的是，孩子们对我这个决定的感觉是前所未有的好，因为他们觉得我做了对我来说是重要而正确的事情，而我并没有遮遮掩掩。这件事改变了我对他们的整个看法。

2. 当我们尝试我们没有掌握的东西时。作为成人，我们常常生活在自己的舒适区内。在这种模式下，我们的风险是计算好了的。为了做一个负责任的家长，我们可以说这是合理的。鉴于你可能无法胜任，我们不建议你去尝试高空跳伞或是攀岩。然而，尝试接触我们掌握之外的东西要求我们直面自己的恐惧，这可能涉及勇敢地去上一门课、跑一场比赛、和妈妈分享自己的感情、学习唱歌、爬山、画画等。这也关乎把我们的生活植根在深层原则之上所需要的勇气。事实是，当我们愿意冒险时，我们展现给孩子的态度正在表明我们到底是谁。比尔谈到了他的父亲，还有他现在感受到的激励，不过可能他小时候并不理解:

自己还是个孩子的时候，我很讨厌父亲的脾气，还有他对待我的方式。现在回过头看，他就是那个激励了我的人。爷爷在爸爸很小的时候就去世了，他很小就得像一个大人。他做过的最激励人的事是换工作。他曾是一个成功的经理，但后来他意识到工作中有些事情不符合他的原则。他辞掉了工作，从写字楼回到了我们家的地下室，收入的减少让我们面临一些经济上的艰难时刻。我认为他很疯狂，也很蠢，这让我很生气。现在回头再看，我发现自己从他做了自己认为对的事情受到了很大激励。

一位母亲写道：

我的父亲可能很热心，不过他并不狂妄自大。和他那一代人不同，我看到过父亲哭泣，我们的关系很亲密，不过真正激动人心的是他的生活方式。爸爸小时候很穷，因为爷爷去世得早，他 16 岁就离开学校走上了社会。我们不知道他的生活有多艰难。他从来没有接受过正规教育，除了偶尔上上商务课程，不过最后他成了一家小银行的行长。他最自豪的时刻之一是他和附近一所大学合作筹资时，他们授予他一个荣誉博士学位。他没太当一回事。他去世时，我们整理他的东西时才发现了那张证书。我们不得不把它从一堆东西中翻出来，因为它从未在桌面上摆放过。

一位儿子从海德毕业的父亲谈到了儿子对于新的成长感到困惑的关键时刻：

儿子汤姆和我一起参加一次家庭讨论会，轮到我们发言时，儿子哭着说："我不知道说什么。"我不知道他在说什么，问他是什么意思。他说："我总是想要长大，过像你一样的社交生活。我花了 16 年看你做什么，想着那就是我想做的事。然而你却不再喝酒，你改变了规则。"那是我们关系的转折点，它开启了一个互相分享的新阶段。从那时起，我看到我们关系有了惊人的成长。

3. 当我们每天示范品格时。每天起床、试着做对的事情绝对是一项挑战。一切都逃不过孩子的眼睛，包括那些反映品格的小举动。一天之中，我们有很多机会播种这些小举动：捡起垃圾、诚实待人、采取正确的立场、表达关心、坚持做正确的事、帮助朋友、倾听。我们不需要跑到很远的地方来发现机会。一位父亲谈了女儿面对自己的恐惧从而激励了他的故事：

> 我女儿高中毕业的那年夏天，我们去北卡罗来纳看望一位亲戚。她跟我打听默特尔海滩过山车的事。我说："是的，那里有一个很大的过山车。"她说："我很害怕坐过山车，我想我得坐一下，好克服掉这个恐惧感。"于是我说我和她一起坐。她心里还是害怕。等到了那里，我也感到害怕，于是我说："伊丽莎白，我像你那样不害怕坐过山车。"女儿似乎看出了我的害怕，她的回答让我吃惊："没关系，爸爸。"然后她自己坐了一次过山车。下来后，她说："太好了，我坐过过山车了。我们回家吧。"女儿能够那样面对自己的恐惧，而我却不能，那对我是莫大的激励。

一位父亲谈到了他父亲的品格：

> 我父亲是个采购员。他从未上过大学，我的母亲总是希望他能有点出息。后来父亲调动工作去了一家新工厂，并在那里得到了提升。我记得一天下午去他办公室帮他打扫卫生，大楼的楼管过来对他说："我想让你知道，你的支持对我来说有多重要。"他还和我父亲说了一番客套话。

原来是一个女秘书接到了一个猥亵电话，大家都说这个电话是一个叫约翰·亨利的黑人打的。（请记住，当时还是黑人受歧视的年代。）他们准备解雇他。我的父亲站在他一边并替他说话：“不是约翰·亨利干的。”父亲的说法使得事情得以拖延，后来发现打电话的另有其人。打电话的，当然不是约翰·亨利。我记得自己当年就是这么想的。他有勇气站出来为别人说话让人佩服。然后，有趣的事情发生了：我父亲升职了，就像母亲总期望的那样，这对我们家来说才是有实际意义的。

一位父亲分享了日常生活中的一幕，他意识到自己做了个错误的示范：

丹尼斯 10 岁的时候，一次我要买一双鞋。我买了两双，收银员收款时，我想：“他们少收了我 30 美元。”当时我想，这么大一家百货商店，我只是个可怜的小老头。我只是得到了一份不错的礼物，没有人会受到伤害。儿子也注意到了，他开始说话。我说：“嘘。”我们整天都在谈论诚实，我那天做出的榜样却完全相反。

为了让激励个性化，马尔科姆讲了自己成长过程中两个父母的故事：

我 9 岁时，父亲决定要去执掌一所自己的学校。为此，他把自己 15 年的教学、教练、行政经历提供给各个学校。很多学校都对他感兴趣，最后的结果是，他被提名为一所非常好的学校的校长最终候选人。

一天晚上，父母谈话的时候，我听到母亲说：“亲爱的，那所学校还在实行种族隔离政策。我们不能去那里。”父亲说:“我给了他们最后条件，要么用两年的时间解除隔离，要么不要考虑我。”（那是 1963 年。）我听着他们的谈话，我不确定种族隔离确切是什么意思，不过我能感觉到某种东西给我留下了难以磨灭的印象：父母准备好为了原则而否定掉某些自己深深渴望的东西。

父母向我展现了我们如何生活。40 年后，我现在知道自己的父母为我做了一件我最想让他们做的事情，但他们甚至可能没有意识到我在看、在听。不过作为教育家，也许他们知道孩子们一直在看着父母和老师。

第二个故事发生在马尔科姆结婚之后。这件事与酗酒有关，许多家庭的生活中都有这样一个障碍：

我的母亲是一位很好的女性，有思想、聪明、关心人、值得信赖……我是说当她清醒的时候。但当她喝醉的时候，她就完全是另一个人。有一天早上，姐姐和我下楼，发现了一张海报大小的经过专业设计的母亲的肖像在画架上迎接我们。画中她皱着眉头，训诫地用一只手指指着我们。前一晚上她离开家，说着气话发誓永远不回来。我上大学一年级时，有时她会突然醉醺醺地出现在我的宿舍里。当感到同学们都知道这个不速之客正是马尔科姆的妈妈时，我真想找个地缝钻进去。

我还记得和朋友回我们家，我一路都在祈祷在家的是那个“好”妈妈。另一个妈妈真的难以应付，真的会让人尴尬。我记得我曾认为世界上再没有另一个孩子需要面对像我们家这样的情况。

（当然，后来我知道我的一些最好的朋友在家里也经历了完全相同的痛苦。）一旦我迈进家门，不用想我就能确定是哪一个妈妈在家。我从她的眼神里就能看出来。伴随而来的是难以置信的轻松或是高度的紧张。

我的整个青少年时期，一直到20多岁，都被母亲的酗酒问题深深困扰。进入30岁，我明白了一个简单的事实：虽然可能我不能控制母亲的酗酒问题，但我能控制的是这个问题怎样影响我。我告诉妈妈，我爱她，不过我不能再让自己把感情寄托在错误的希望上，就是希望她能够戒酒。如果她想喝酒，那是她的决定。我不会再藏起酒瓶子，谨言慎行，如履薄冰。如果她清醒，我会和她在一起。如果不，我就不会再和她在一起。

这非常难。父母已经离婚，姐姐也不在母亲身边生活。作为和母亲生活中最近的人，我感到一种责任感要帮助她“成为”家里的一员。更糟的是，我自己也喝酒，一个酗酒者想要帮助另一个酗酒者。

无论如何，我决定放手，不再管母亲的酗酒。我站在一边。我不再确定她的暖气费付了没有。我不再在她出门开车去买东西时时刻注意着她并拦着她不让她买酒。简单地说，我不再让她戒酒。我让自己接受了这一点，即她永远也戒不了酒。接受了这一点让我更深地接受了她，也有了一种宽恕妈妈的感觉。我决定珍视她为我和姐姐所做的事。我真的开始感激她为我们所做的一切。我不会再因为她不能做到的事情评价她。我平静了许多。不过，我还没准备好接下来发生的事。

在对妈妈说了这些话之后不久，她让我受到了震动并且激励了我。她戒酒了，真的戒酒了。虽然25年来她都没有离开过酒，但

60岁的时候，她做出了一个真正的承诺。母亲的决定引来了一个童话般的结果，就是我的父母在分开10年后决定复婚。（他们说：“10年后，我们宣布当时离婚是错误的。”）我和姐姐参加了父母的婚礼，那是非常自豪而快乐的一天。直到今天，每当我对别人说“我父母结婚时，是我把新娘交在了新郎手里”的时候，听的人都感到很惊讶。妈妈在我离家后，担起了家庭主要的担子。作为父母，我们永远不会老到不能激励我们的孩子。作为孩子，我们永远不会大到不能受到父母的激励。虽然曾经埋葬了所有可能的希望，我最终发现自己还是渴望得到激励。

虽然这个故事是关于妈妈如何激励我的，它也教会我有关优先重点7“学会抓住和放手”中的许多经验。我知道了，多年来我怀着良好愿望的努力实际上助长了妈妈酗酒问题的不能解决。今天，我不认为我的放手是妈妈决定戒酒的原因。不过，我的确相信，我之前的不能放手直接导致了妈妈很多年都没有做到这一点。妈妈在62岁时去世，这时她和父亲复婚还不到两年。妈妈酗酒的那些年他们的日子很艰难。不过最后两年可能是她一生中最快乐的时光。那是清醒的日子，生活安详平静，对她和全家人都是如此。她看到三个孩子都有了自己的孩子，最后一个是在她去世前几个月才做了父母。

我们两个人都对父母有一种感激之情，因为他们为我们的成长付出了努力。在过去的一年，我们孩子的两个祖父都过了一个有意义的生日。家庭成员每次聚会都会给过生日的人写信，感谢他们为我们所做的（看看本章最后的“感谢信”练习）。下面是我们每个人写给父亲的信。

马尔科姆写给父亲的信：

2000 年 7 月

亲爱的爸爸：

虽然你在给我的一封信中给了我许多许多的祝福，此刻我只说我最感激的两方面：一方面是眼睛能看得见的，另一方面是灵性的。

首先，眼睛能看得见的是：谢谢你创造了这样一所学校，给了我这么充实丰富的职业生涯。不论是为伊文·昆比除草，为格伦达洗锅，教历史，指导训练各个体育队，还是作为校长，我都很自豪自己能为海德工作。不过，如果我只满足于这些，那我就是短视和无知的。毕竟，我不只享受了一份丰富的职业，还在工作中取得了难以置信的快速进步和升迁。我 1977 年秋天开始教英语和历史，1987 年秋成为海德校长。虽然可能我有些傲慢，不过还不至于认为这么快的提升只是因为我自己的才能。如果我不是你的儿子，可能我也可以成为校长。我无论如何不怀疑这一点，不过我知道不会那么快。我非常感激我能得到这些伟大的机遇。

我想感谢的第二个方面是你留给我们所有人丰厚的灵性遗产，它将继续传给你的子孙后代。多年来，我认识一些人，他们觉得自己被困在以前家庭成员成功的阴影之下。他们得努力像家里人那么成功。毕竟，他们的家人太厉害了。其他在场的人也常常点头赞同。当然，有时我也感到有压力，讨厌它。不过也许是我和海德的联系让我看到了整个动态关系的更深层。无论如何，我渐渐相信，有一种命运比必须追寻家人成功的足迹更糟，那就是连可追寻的榜样也没有。不过，我不因为这个而埋怨你。在你生日之际，我真诚地感谢你。

爱你的马尔科姆

劳拉给继父的一封信：

2001 年 3 月

亲爱的爸爸：

生日快乐。我们在这里庆祝你的七十大寿，和你分享你带给我们的一切。我真的不知道从何说起。我还是从你教给我的东西说起吧。

- “不要说不能。”
- 怎样换轮胎。
- 怎样修理淋浴器。
- 怎样清理便池。
- 怎样修剪草坪。
- 怎样擦拭瓷器。
- 怎样装信封。
- 怎样接电话。
- 怎样在早上 6 点的高速路上开车。
- 怎样旅行。
- 怎样早到 10 分钟。（我从这一点中学到了很多。）

还有很多其他事项。你总是教我深层次的东西。你教会我做一个正直的人，不管大事小事都是如此。你教会我为梦想努力奋斗，教会我在必要的时候不怕站在多数人的对立面。你教给我必须不断做出改变。

爸爸，你非常投入，像抚养亲生孩子一样抚养我们长大，没有你我的生活会完全不同。妈妈让你做我们的父亲，我们花了好久才理解。你也拥抱了海德，和我一起成长。

我们相处得不总是那么和谐，不过我们为真相而努力，今天我对你的爱是你为我们成长付出的努力的结果。享受这个生日吧，还有今后的很多日子。我喜欢看到你和孙子们在一起。你的美德会通过我们所有人传递下去。

爱你的劳拉

来自受到激励的孩子们的心声

在海德学校，我们有意识地提供能促进品格形成的经历，这样学生就能和家长一起为个人和家庭成长而努力。每学年我们都会举办一场生动感人的毕业典礼。典礼上，每个毕业生要求讲两分钟的话，他们的父母坐在观众席聆听。几年前，我们觉得对参加我们家庭学习中心项目的父母缺少一个正式的结业仪式，所以我们开始在毕业典礼的当天早上提供一个早餐仪式，家长们可以在那儿接受自己的证书。父母们不发言，不过我们会在仪式上朗读孩子写给父母的话。下面就是最近一次毕业典礼上学生们说的话：

布赖恩

给妈妈："妈妈，我还记得自己怎样被你在绳索课程中表现出的勇气所激励。你没有被自己的恐惧吓到，你完成了任务。我为此深感自豪。

你为我树立了伟大的榜样。”

给爸爸：“爸爸，你面对问题的勇气，还有你对上帝的委身，都是我的榜样。你对于社区、教会和在奥克兰所做的贡献表明了你对他人的热情和关心。”

罗恩

给妈妈：“我从未看到你放弃过任何事情。你是我最大的激励。你在抚养我们期间还回到学校拿到了学位，这表明了你的勇气和力量。我们一起经历了许多磕磕碰碰的时期，你一直是我的灵性导师。”

山姆

给妈妈：“妈妈，你激励我成为一个有品格的人，你自己愿意做出改变。前几年父亲去世，你成为三个孩子的母亲，面对着极大的挑战。我们给你添了许多麻烦，态度也不好。一般人可能早就放弃了。我希望自己对家庭能有你一半的投入。”

约翰

给妈妈：“我肯定大多数上过绳索课程的人都感觉到那是一次伟大的经历，尤其是对你来说。你的安全绳绑在我身上，你完全信任我，这真是非常让人振奋。”

给爸爸：“爸爸，你离开海军后发誓再也不去野营。当你接受了我给你的挑战去野营时，你打破了誓言。你不仅接受了挑战，还是四天旅行的领导者。你让我感到骄傲。”

艾萨克

给妈妈:“你参与了“家庭孩子危机项目”，还获得了教师资格证书，从这两件事我受到很大的鼓舞。获得教师资格证书能让你重执教鞭。”

给爸爸:“你努力改变生活中情感缺失的情况，你不再过分看重工作，这些都很激励我。”

泰勒

给妈妈:“妈妈，你开始经营自己的事业并开始画画的时候很让我很振奋。我过去不觉得你是一位独立自主的人。当你开始工作和画画时，我看到的是料想不到的力量带来的激动人心的行动。”

给爸爸:“爸爸，你在很多方面都激励着我，你跑步，做慈善事业，还有你的职业道德。你抓住每一次机会让自己保持健康，努力跑步达到新的境界。你展现出来的对别人的无私让我深深敬仰。你的职业道德表现在你生活的方方面面。”

就像这些话所说的，我们的孩子受到鼓舞，不是因为我们的成功，而是当他们看到我们努力提高自身品格的时候，看到我们面对未知自我努力的时候。当我们迎接个人挑战，不确定结果会怎样的时候，当我们努力使自己成为更好的人的时候，还有，当我们在品格文化中为自己列出的那些要素努力的时候，他们都会受到感动。

当你想到这些，可以发现孩子和家长想要的东西实际上是一样的。他们想要受到我们的鼓舞，我们也非常愿意激励他们。通过品格培养，我们可以做到这一点。我们自己的成长可以在整个家庭中创造出一种波浪式的涟漪效果。现在就开始吧。我们一起开始吧。

家庭练习和活动

分享英雄

材料：报纸、书、杂志。

时间：20~30 分钟调查。

说明：让家里的每一个人确认一位英雄。可以是在世的人，也可以是已经去世的人，总之是因为个人品格和事迹备受人们尊重的人。做一个拼贴，记一些要点，或是带上一本书来分享。

每周让一位家庭成员在家庭例会上分享他的英雄。你可能想要挂一张画，或是一些名言，以此来鼓励每一个人在日常生活中向英雄看齐。

“我们最大的恐惧”

材料：下面的诗为玛丽安娜·威廉森（Marianne Williamson）所写，1994 年纳尔逊·曼德拉在就职演说时曾引用过：

我们最大的恐惧，不是我们不足，
我们最大的恐惧，是我们有无穷的力量。

是我们的光芒不是我们的黑暗让我们恐惧。
我们会问：我是谁能配得上拥有这样非凡的才智，惊人的艳丽？

其实，你为什么不可以？

你是上帝的孩子。
你故作卑微不足以服务这个世界。
你的畏缩，不能引领他人，
让你周边的人感到安慰。

我们生来就是为了彰显上帝在我们心里的荣耀。
这份荣耀不只是在某些人心里面，
它是在每个人的心中。

当我们让自己光芒四射时，
我们就不经意地容许别人做同样的事。
当我们从自己的恐惧中释放出来时，
我们的存在也自动地解放了其他人。

每周例会可以花点时间一家人一起读读这首诗，说说它的意思。下面的一些问题可能有所帮助：

- “这首诗最打动你的是什么？”
- “你的光芒是什么？”
- “为什么它让你害怕？”
- “你怎样光芒四射，为了‘容许别人做同样的事’？”
- “你怎样把自己从恐惧中释放出来以解放其他人？”

感谢信

材料：纸、笔。

时间：花 20~30 分钟来写。

说明：从家中最年长的人开始。可能是祖父或是其他家庭成员。让家里其他人给那个人写信，开头可以这样写：谢谢你为我所做的……

让大家发自内心地来写这封信。孩子们能明白怎样做！然后开一次家庭例会或是共进一次家庭晚餐。一家人围坐在一起，把信读给那个人。随后你可能想要把这些信整理在一起，放在家庭历史纪念册里。这可能成为家庭每年都来做的一件大事，因为每年都有新的我们需要感谢的人。

日志问题

1. 在成长过程中我崇拜过谁？说明一下。
2. 我什么时候受到了父母的激励？
3. 我什么时候对父母感到失望？
4. 我什么时候因为自己的勇气和冒险而受到鼓舞？
5. 我对孩子们的梦想是什么？
6. 我对自己最大的梦想和愿景是什么？
7. 良知在我的生活中扮演着什么角色？
8. 家庭成员什么时候激励了我？
9. 我的家庭对我意味着什么？有没有什么妨碍我和家人分享这些看法？
10. 我可以采取什么具体行动给家庭的最高愿景带来光荣？

结 语

从平凡中解放出来

四年前，儿子被诊断为发育迟缓，我们的生活从此发生了巨大的变化。为了专心照顾他，劳拉近一年时间都没有工作。在他的老师、大家庭、许多海德的学生，还有朋友们的竭力帮助下，我们设定了“完全康复”的目标，然后像勇士一样投入到这个愿景的实现之中。那是我们生活中最紧张和最艰难的时刻之一，不过也正是这一经历教会了我们并且还在持续教会我们许多宝贵的经验。

也许最重要的经验是，发现一个大家都能看得见的问题能够把我们从没有问题的完美家庭概念中解放出来。我们重新学习了在海德学到的关于独特潜能的教导：我们都是独特的，我们的品格能够引领我们与命运联系在一起。我们学到了问题真的可以比所谓的成功让我们走得更远。我们学到了障碍可以成为真正的机遇。我们也学到了我们可能永远也无法真正解决问题，但却可以超越它们。

事实上，十个优先重点中有两个直接反映了所谓的问题对于品格培养的价值，即优先重点 5“成功失败都有价值”和优先重点 6“让障碍成为机遇”。学会让孩子把握自己的障碍是一项永远的挑战，无论他们年龄多大。

海德的一位母亲谈到了早年对待儿子障碍的方法，还有她从中所学到的东西：

我和最小的儿子经常要一起完成他的作业。他说我写，因为我打字比他快。我们还一起写过一份报告。他告诉我写什么，我打字的时候也会提出一些修改建议。孩子对我们这样的工作模式也感到不安，我也知道不应该这样，可就是停不下来。

后来我跟他说："现在你知道，我不能再这样做了。你得开始自己来做。"他的回答让我吃了一惊："你不能不帮我，要不然我就会失败。每次我告诉你写什么，你都觉得不够好，要改动。"他从我这里得到了一个强烈的信息：他做不了，他做得没有我好。而我觉得自己是在帮助他，给他建设性的意见。

我明白了，我们始终都在给孩子传递我们对他们没有信心的信息，尽管我们可能没有明确表示，可他们却清楚地明白我们的意思。我不想让孩子因为作业质量不高而尴尬，于是帮助他。我觉得这样做是在告诉他一个人应该怎样解决这类问题。我猜从那个下午到现在我经历了很长一段路程。今天，我的孩子们应该自己面对自己的起伏高低。

一位两个孩子的海德父亲谈到女儿的"问题"让他解决了自己的一些问题，最后解放了整个家庭：

我也想成为一个好父亲。我只是没有意识到做个好父亲是这么个人的事情。大约10年前，女儿14岁，她只穿黑色的衣服，从头到脚、从里到外一身黑。我讨厌她这样。我这么好的爸爸，她为什么这么对待我？她为什么把我推开？她当时可以从卧室窗户溜出去，却不愿走过七年级的健身房。今天说起这些事，我们还都觉得好笑。

来海德几个月后，一位老师建议说："也许你应该反省一下自己。"开始我做不到。之后，我开始分享在她那个年纪自己做过的事情。我意识到，我诚实的分享可以帮助她也诚实起来。当我分享了自己最深的感受和恐惧时，我开始改变：也许我有赌瘾。也许我不该在周末抽大麻。我开始意识到做好父亲不只是把孩子带到少年棒球联盟，教他们打球，或是学校比赛的时候在场。我没有给孩子树立好的榜样，我意识到我最好开始这样做。今天，女儿是一位优秀的社会工作者，儿子也在做着一些令人兴奋的事。就这样继续吧……

有时，持续关注孩子的问题让我们忽视了自己的旅程。一次，在儿子取得进步的时候，劳拉感到她需要好好反省自己的生活。她写道：

我好像被困在了盒子里。虽然知道儿子人生的这个阶段需要我，可我也知道不能永远这样帮着他。我问自己这些年来问过学生、家长和老师的三个基本问题：（1）你是谁？（2）你要去哪里？（3）你要做什么才能到达那里？

当我敞开可能性做我想做的任何事情时，我的答案把有关抚养孩子和家庭的智慧带给了更多的人。我知道海德的教育方法和家庭培养方法很有力量，不过需要用一种海德之外的人能够理解的语言把它表达出来，不论贫富、不论肤色、不论城乡都能够明白。我们在差不多三年前开始举办工作坊，当时只有一个基本的轮廓和想法。我们发现，家长和专业人士很认同我们这些优先重点。我让马尔科姆也参与其中，因为我想有一位男士，这个工作坊就不再只是一位母亲对其他母亲的夸夸其谈。我知道，母亲能找到时间做这些，而父亲们需要知道他们在培养孩子的过程中担任着何等重要的角色。

我们见过全国各地的家长，也听过他们的故事。一些家长上过海德学校。很多家长看到了孩子毕业。一些孩子在海德的时间不长，不过大多数孩子都觉得这段经历改变了他们的一生。我们也和一些家庭谈过，他们参加过我们“最艰巨的工作”工作坊，一些家庭还参加了之后的每月项目。这些经历带给我们很多令人震撼的分享。

一位母亲写道：

只要想想自己和儿子从海德获得了什么我就泪流满面。我发现，我有了生命，我有了感情，我不再麻木不仁，我可以表达自己。

一位父亲写道：

我们最开始受到“最艰巨的工作”项目的吸引是因为儿子。他一直很优秀，可是存在品格方面的问题。如果你问他天空的颜色，他会说是绿色，只因为这样回答显得与众不同。于是我们想让他提高品格。上帝知道我没什么错！

第一年，我意识到一切都不太好。我们需要解决一些问题。我把这个项目看作是可以帮助我成为最好的自己的链条中的一环。如果在自己的成长过程中就明白这些，我不能想象自己会是什么样子。如果高中时期我就能够把垃圾扔在身后，那会减轻我多少负担啊。我和儿子的关系开始变好。我从未意识到我们是多么相似。

一位祖母谈了她帮助孙子的过程：

如果让我说从这个过程中收获了什么，那就是爱和支持。之前我几乎对杰已不抱任何希望，以前他上的是主要为非洲裔孩子开设的私立学校。我们试过所有办法。我们这样做已经两年了。他获得了长足的进步，我也是。我看到了我们两个都发生了奇妙的变化。杰过去在家的时候，99% 的时间都关着门。海德在帮助我们沟通。

来自中西部乡村地区的一位高中生在谈到家里一年来的每月例会时，工作坊里爆发出一阵笑声。他说：

我想我们参加这个项目只是因为我们是那些会这样做的众多家庭之一。我知道妈妈会是带头人和中心，不仅让我们参与其中，还带着其他家人一起前进。

然后他继续对父亲说："爸爸，我一直都很尊重你，就像尊重那些擅长运动的成功人士一样，不过这个项目让我看到了你的另一面。你分享了自己的情感，我对你有了新的尊重。”父亲静静地听着，眼中充满泪水。

来自市中心的一位母亲谈到了她和儿子的关系：

> 我找回了儿子。他16岁的时候，是个高中生，实话实说，有时候他就坐在我的对面，可我不知道他是谁。他对我来说太陌生了。我们尝试过肤浅的交谈。我不知道怎样接近他。我甚至不确定自己是不是很愤怒。我想我很难过。最后，我把怨气发泄到了丈夫身上，因为我需要一个替罪羊。
>
> 我们参加项目的时候，一位老师对我儿子说：“跟妈妈说话的时候，你得看着她。”我想这是很长时间以来，我们第一次真正看着对方。这太不寻常了。我知道我们会经历高潮和低谷，不过现在我们找到了交流的办法。我有了一种技能，可以诚实并且触及自己的情感。

不容易，但不是不可能

在工作坊中，我们常常对父母们说：“这个项目并不能很快解决问题。离开这里时你会很兴奋，不过真正的改变需要每天坚持不懈。”正如一位海德母亲所说：

> 你不能只走进来，看完材料，然后就说：“我知道怎么做了。”这是一个过程。这个过程常常推翻你已经习以为常的生活方式。譬如出问题的时候，你惯常的做法甚至都不想让邻居知道。你就是不

愿意说这件事。在这里我明白了，如果出现了情况，那不是任何人的错。有问题就是有问题，面对它就好了。

虽然本书关注的焦点在养育儿女和家庭，但我们也希望能够提供一张地图和一个指南针，帮助所有人在自己的生命旅程中把握航向。我们都有尊严和价值。承担责任、提升自己的品格可以把我们和自己的命运联系在一起。

我们在本书中谈了许多在和孩子的关系中放手的事。有时，有关理想的亲密家庭的愿景必须暂时放在一边。当我们努力按照品格和原则生活时，我们可能会遭遇到反讽。一方面，孩子们有时可能会讨厌，甚至恨我们。不过，我们是在为一种深入的关系，甚至会持续一生的关系建立一个永远的根基。如果你对这一点不确信，那我们只能说，在完成了本书所列出项目的家庭中存在着一种持续稳固的品质：家庭成员非常亲密、信任、相互热爱。

一位父亲谈了自己对于家庭成长的认识：

我想我的收获就是发现自己。多年来，我不知道真正的自己是谁。我有原则，可是没有付诸实践。因为一些愚蠢的事，我对妻子撒谎……肯定是把和谐看得比真实更重要。我现在明白了，作为人，我也能关心别人，做一个正直的人。

还记得那个假期想要一切完美的母亲吗？她写下了她所经历的家庭成长：

虽然我知道自己完美的愿景不是家人的愿景，那也没有阻止我努力想要把它付诸现实。是什么在激励我继续走在那条路上呢？我不得不审视自己在原生家庭的成长经历。有很多时候我们逃避不好的语言或是难以解决的问题，其实只是在掩饰，好像一切都没有问题。

现在我们可能还会偏离航向，不过我们已经可以带着微笑讨论问题。我儿子可能说："又要和妈妈去了。"现在我不再像过去那样百依百顺。我们讨论这些事情。我可能说："假期我真的想做这些。你觉得怎么样？"现在我会寻求帮助。如果我们决定吃一顿烛光晚餐，我们会在一起讨论，让它成为家里共同的愿景。家里有的人布置餐桌，有的人做饭，等等。

共同语言

一天中会有许多教育孩子的时刻。想想我们惯常对待孩子的方式。我怎么能让这个孩子尽快回到正常？我们常常使用某种贿赂的方式，还常常对自己说这是最后一次，就像是节食者纵容自己吃糖果，然后许愿说明天开始节食。身为父母我们都那样做过。我们都太累了，以至于为了片刻的宁静出卖了自己的灵魂。

就像健康饮食一样，十个优先重点提供了一种长期支撑我们的方法，给了我们一种培养孩子的共同语言。来自纽约的一对母女参加了"最艰巨的工作"野外旅行，那是一次在西缅因湖上为期三天的独木舟和野营经历。一年后，当被问到那次旅行中最重要的收获时，妈妈说："我们学到了有一些话可以帮助我们两个人一起解决问题。比如，真实比和谐更重要，这句话对我们是有意义的，就是不要胡说八道。"

在家庭成员中应用共同语言可以让我们的努力更加有效。这些共同语言可能包括:

- “妈妈，什么是你需要放手的？”
- “在这儿我完全是为了寻求和谐。”
- “亲爱的，忘掉结果吧。”
- “这个障碍的什么地方一定有机遇。”
- “期望高一些吧。”
- “播种行为，不断播种那些行为。”
- “现在重要的是什么？”
- “这是我的障碍吗？”
- “我需要抓住什么？”
- “我需要提高标准。”

当我们朝着这些优先重点努力时，幽默有助于加强家中正在形成的品格文化。(还记得优先重点2“原则比规则更重要”中晚饭时间切断电话的那对父母的故事吗？)我们也需要和身边帮助我们抚养孩子的人有一种共同语言。我们可以用优先重点创造一种诚实文化：我们和孩子都想知道真相，也知道我们会得到真相。想想这个事实，很多时候家人和朋友的建议会刺痛我们，但却帮助我们前进。还要记住，作为父母我们的每一次进步，孩子们都会从中受益。

努力创造这种共同语言，然后你就可以在生活中更多地运用这些优先重点。没有共同语言，你很可能会失去阅读本书所获得的智慧。

别再总是保持正确

有效的养育之道并不意味着总是保持正确。我们所要做的，就是努力坚持，尽自己所能做到最好。事实上作为父母，我们真正的学习经常发生在偏离轨道而必须面对它的时候。那意味着从偏离的道路上回到正轨；意味着当我们陷入孩子恐怖分子式的态度中时向他们道歉；意味着有勇气改变，追随最高的愿景；意味着授权他人对我们完全诚实；也意味着为了谦卑地为人父母而学会对自己付之一笑。

为什么作为父母我们总觉得需要保持正确呢？一位母亲和我们分享了她的挣扎：

> 我们找到海德时，女儿马上意识到这是个她能成为她想成为的人的地方。随后是我开始反省自己，发现离婚后，我扮演了正义的受害者的角色。我是对的那个人。我什么都做得对，希望因为生活成功而受到尊重。我没有和孩子或是和任何人分享过我的挣扎。
>
> 最后，我可以从中抽身而出，说："我并非事事都对，我何必装成那个样子呢？"我学会了更深的谦卑，而以前我是不允许自己那样的……我想我害怕失去理性的能力，让那些事情把我压垮。

在我们的社会中，有一些人为的观念：父母无论何时都应该知道如何对待孩子。孩子们应该遵照父母的权威，然后成功。除非真的有问题，否则我们不应该寻求帮助，或是暴露家里的真正问题。这样，我们花了大量时间掩盖问题，否认问题。但在35年的品格教育中，我们发现，当一个家庭有着高期望时，就一定会有障碍——你没有办法绕过它们。

行动起来

我们不是假装自己有灵丹妙药可以应对当前家庭和学校存在的所有困境。我们深切相信不管是传统智慧还是现行的各种做法都不能带来我们所期盼的根本改变。这种改变将来自于无数的父母，他们愿意拥抱改变和成长，这会成为引导孩子实现最大潜能的基础。这种改变开始于相信没有任何其他工作比培养孩子更为重要。如果你是父母，你的表现将会是你对这个星球的最大贡献。这里的核心信息极为简单：如果你想让孩子成为有品格的人，你需要不断努力提高自己的品格。

行动起来也很简单。对孩子真实，忘掉做完美父母的观念。搁置和谐，呼唤诚实。如果家庭失去控制，面对它，不要尝试故作镇静。不要再呼唤快乐，不过要相信快乐会在你最想不到的时候找到你。享受那些时刻，花时间欣赏每一次进步。有勇气设定期望，既给自己也给家人。重视对你来说神圣的原则。创造家人共同的愿景，尽可能离事实近一些。学会“认错”，并享受它。更美味的菜肴即将呈现在你面前。

让我们来看看那位加班工作、对外部世界建立了成功律师形象、拿儿子成人礼金付账单的父亲吧。如他所说：

> 我学到的也许是一生中最宝贵的功课：没有什么外面的东西比得上孩子对你的尊重。我想我与内在的自我更加同步了。我能找到一百个不同的理由解释为什么我的行为和价值观不一致、不真实，因为我无法应付诚实会带来的不和谐。

儿子来到海德时离婚的母亲补充说：

我想我们过去生活在和谐比真实更重要的幻想中，不过这种和谐是让别人看的。留给我们的是不和谐和混乱。我成长的家庭中外表就是一切。我不认为我们是浅薄的人。我们关心对的事情，我们是好人。我们不欺骗别人，只是欺骗自己。我从海德学到的是，如果我对自己真实，那么就可以对我爱的和我关心的每一个人真实。

我同孩子们的关系和许多我的同龄人不一样。我不是表扬自己。我很自豪，我们可以一起达成目标。从海德学到的另一件重要的事情是处理我和前夫的关系。现在我们真的可以互相支持、共同养育孩子了。

“最艰巨的工作”工作坊快要结束的时候，我们提出两句名人名言让大家讨论。第一句是19世纪法国画家欧仁·德拉克洛瓦的：“当我们做正确的事情时，我们提升了自己眼中的自己。”第二句是拉尔夫·沃尔多·爱默生的：

我们生活中的主要需求是有人让我们做我们能做的事。

这两句话放在一起，可以帮助我们行走在正确的道路上。第一句德拉克洛瓦的话提醒我们，我们的文化中存在着很大的压力，让我们花费大量时间努力提高自己在别人眼中的形象。父母可能想让老板印象深刻，孩子们可能想让老师和同学印象深刻。我们激发孩子的最大希望可能首先要求我们通过做最好的自己而让自己对自己印象深刻。第二句爱默生的话则提醒我们，没有别人的帮助我们做不到这一点。未来的某一刻孩子们会意识到，他们需要自愿和那些能够“让他们做他们能做的事”的人建立一种人际关系。直到他们明白这一点之前，我们可能需要作为不受欢迎的志愿者去帮助孩子。随着孩子看重我们对他们的作用，我们和他们的关系就会加强。如果那样的回报还不够，想一想这个事实吧，你正在各个方面给孩子做出示范，这些示范是你的孩子会传给子子孙孙的。

在本书的开始，我们提出了关于杰出的家庭教育的三个要点：

1. 是艰难的。
2. 是可行的。
3. 永远都不会太晚。

在每一个家庭把本书中的信息运用于自己的情况中时，我们要再次强调，什么也替代不了艰巨的工作。如果任何艰巨的工作都需要巨大的努力，那么“最艰巨的工作”将考验我们的态度、努力、品格的最深内涵。不过，有一点幸运总是不错的。

为了幸运，也出于迷信，我们每一次“最艰巨的工作”工作坊都以伟大的大提琴家帕布尔·卡萨尔斯的故事作结束。他是著名的音乐家，以美妙的琴声和不懈的练习为世人称道。一位记者曾问他：“卡萨尔斯先生，你一直被认为是世界上最伟大的大提琴家。你已经96岁高龄了，为什么每天还要练六个小时呢？”卡萨尔斯回答：“因为我还想进步。”

我们认为最好的父母，甚至说最好的人，就是那些像卡萨尔斯一样培养自己品格的人。虽然我们都不会拉大提琴，但我们觉得拉大提琴很像养育儿女：是艰难的，是可行的，而且永远都不会太晚。

致　谢

从 20 世纪 90 年代中期我们有写本书的想法开始，我们幸运地得到了很多人的祝福，他们相信这本书，并给我们提供了很多帮助。冒着遗漏的危险，我们想特别感谢其中的几位。

感谢我们的朋友菲利希亚（Felicia）和马雷克·麦尔威兹（Marek Milewicz）把我们介绍给萨拉·拉辛（Sarah Lazin），这简直是天意。萨拉是我们最好的代理人。当我们还在怀疑这个项目的可能性时，她却相信它一定能成功。她和她的工作人员指导我们做出了全书的整体架构。没有萨拉，就不可能有这本书。

萨拉为我们所做的工作把我们引向了斯克里布纳（Scribner）出版社的杰克·莫里西（Jake Morrissey）。杰克对于这个提议很兴奋，我们开始写作初稿。杰克、布兰特·蓝波（Brant Rumble）和斯克里布纳的其他伙伴非常专业地指导了我们的写作和编辑过程。

我们非常感谢海德学校众多的学生、老师、家长，还有校友，他们为本书贡献了很多故事，他们在书中以假名或匿名出现。虽然代表着我们教学生涯的不同时期，这些故事的作者都表达了对于海德长期培养的骄傲和品格的一致认同。

海德社区的很多朋友和同事在整个项目中起到了关键的作用。帕姆·哈代（Pam Hardy）一直帮助我们把“最艰巨的工作”工作坊从为海德父母专门设计的当地项目发展为全国性的项目。罗斯·穆利根（Rose Mulligan）贡献了专业意见，并对书稿进行了编辑。朱莉·格林劳（Julie Greenlaw）帮助我们进行了调查研究和文字录入。其他人，特别是弗朗西斯·默里（Frances Murray）和特莎·哈斯（Tessa Heath），帮助我们对几百页原稿进行录入、复印和校对。

我们也想表达对于资深出版家马克·杰夫（Mark Jaffe）的深深感谢。我们从 20 世纪 80 年代开始和马克讨论有关家庭和品格的书。我们合作的早期成果是《品格培养的 40 种方法》（*40 Ways to Teach Character*）。没有马克的鼓励，我们很怀疑自己能不能找到本书的代理人。（毕竟，我们从未听说过代理人或是出版计划！）

特别感谢《亚瑟小子》（*Arthur*）系列童书作者马克·布朗（Marc Brown）为本书作序，以及对于本书价值的肯定。

图书在版编目（CIP）数据

父母最艰巨的工作 /（美）劳拉·高尔德，（美）马尔科姆·高尔德著；杨芳译. -- 长沙：湖南教育出版社，2018.11

ISBN 978-7-5539-6463-8

Ⅰ. ①父… Ⅱ. ①劳… ②马… ③杨… Ⅲ. ①儿童教育—家庭教育 Ⅳ. ① G782

中国版本图书馆 CIP 数据核字 (2018) 第 237288 号

---

fumu zui jianju de gongzuo

书　　名	父母最艰巨的工作
责任编辑	陈慧娜
特约编辑	陈朝阳
出版发行	湖南教育出版社（长沙市韶山北路 443 号）
网　　址	www.bakclass.com
微 信 号	贝壳网教育平台
客　　服	0731-85486979
经　　销	新华书店
印刷装订	河北鹏润印刷有限公司
开　　本	710mm × 1000mm 16 开
印　　张	19.25
字　　数	210 000
版　　次	2018 年 11 月第 1 版　2018 年 11 月第 1 次印刷
书　　号	ISBN 978-7-5539-6463-8
定　　价	46.80 元